日本人の9割がやっている もっと残念な習慣

ホームライフ取材班〔編〕

青春新書
PLAYBOOKS

ほら、「残念な習慣」はまだまだある！

「損する！」「危ない！」「効果ナシ！」をキャッチフレーズに、１３０項目を集めた『日本人の９割がやっている 残念な習慣』。おかげさまで好評を得ることができたが、編者であるホームライフ取材班には、とても〝残念〟な思いがあった。ページ数に限りがあるため、ぜひ伝えたい数々の「残念な習慣」を掲載し切れなかったことだ。

例えば、揚げ油は酸化しやすいからと、２、３回使ったら捨てる。健康のために「1日30品目」の食品を食べる。せきをするときは口に手を当てる。湯船のなかでおならをする。ケガをしないように、運動の前はストレッチに励む。ふくらはぎをよく揉んで、血流を良くする。ホコリがたまっている部屋の隅から掃除機をかける……。

本書ではこうしたムダで逆効果、あるいはリスクの高い習慣を多数集め、やってはいけない理由と正しい方法を紹介。前作とは切り口を変えて、新しいジャンルからも多数収録し、計１３２項目とした。読めば目からウロコがポロポロ落ち、これまでの生活習慣がガラッと変わることだろう。

いつの間にか変わってた！“一般常識”の残念な習慣

【すき焼き】肉が硬くなるから、しらたきは離して入れる……14
【揚げ油】酸化して体に悪いので、2、3回使ったら捨てる……16
【薬】お茶で飲んではいけない……17
【1日30品目】毎日、頑張って食べてクリアする……18
【スマホ】バッテリーを使い切ってから充電する……20
【スマホ】充電しっ放しはバッテリーが傷む……22
【目】プールから上がったら、水道水で目を洗う……23
【歯磨き】もちろん、食べ終わったらすぐに磨く……24
【髪】爪を立てず、指の腹を使って髪を洗う……26
【座り方】床に座るときは「体育座り」をする……28
【食後の姿勢】消化にいいので、「右を下」にして横になる……29
【過呼吸】紙袋を口に当てて呼吸する……30
【布団】干したら、布団たたきでたたく……32

【勉強】切りのいいところまでやってやめる……34
【せきのエチケット】せきをするとき、口に手を当てる……36
【発熱】布団を何枚も重ねて、汗をたっぷりかく……37
【魚の骨】のどに刺さったら、ごはんを飲み込んで取る……38

何気なくやっていた！ 日常に潜む残念な習慣

【おなら】湯船のなかでおならをする……40
【薬】ベッドのなかで横になったまま飲む……41
【卵パック】割れないように、レジ袋の一番上に置く……42
【刺身】買ったら、普通にレジ袋に入れて持ち帰る……43
【持ち帰り用氷】よく冷えるように、袋にたっぷり入れる……44
【買いもの】まず肉や魚をカゴに入れて、ほかの売り場を回る……46
【ペットボトル】飲み終えたら、水筒代わりに利用する……47
【シャンプー】美容室で髪を洗ってもらうとき、頭を持ち上げる……48
【髪】湯船から湯をすくって髪を洗う……49
【リクライニングシート】大きく倒して、リラックスする……50
【早食い】忙しくて時間がないので、いつも早食い……52

【洗顔】腰を大きく丸めて、顔をシンクに近づける……53
【台ぶきん】食事の前は台ぶきんでテーブルをきれいに拭く……54
【ウエットティッシュ】アルコールを含むタイプで顔や手を拭く……55
【台所用スポンジ】食器を洗ったあと、洗剤がついたままで保管する……56
【食器洗い】洗剤を入れた水に浸け置き洗いする……58
【冷蔵庫】上を収納スペースにして、ものを置いている……59
【エアコン】出かける直前に電源をオフにする……60

まさかの逆効果だった！ 健康管理の残念な習慣

【ストレッチ】運動前には念入りにストレッチして体をほぐす……62
【ふくらはぎを揉みほぐし】健康のために揉んで、血流を良くする……64
【インナー】冬にヒート系インナーを着てジョギング……65
【運動】疲れたときには運動なんかしない……66
【腰痛】早く治すため、安静にしている……67
【栄養ドリンク】かぜ薬と一緒に飲み、栄養をつけて早く治す……68
【インフルエンザ】予防のため、アルコール消毒は念入りに……69
【インフルエンザ】流行している時期、ドアノブを普通に握る……70

【インフルエンザ】マスクをつけられない場合、手洗いとうがいで予防……71
【インフルエンザ】一度かかったから、もう今シーズンは安心……72
【ノロウイルス対策】感染予防にアルコール消毒する……74
【老眼鏡】老眼が進むので、老眼鏡は使わない……76
【休肝日】休肝日を設けているから、飲酒対策はバッチリ……78
【赤ワイン】心臓病予防のために赤ワインを飲む……80
【飲み会】かぜ薬を飲んで、飲み会に出かける……81
【カロリーゼロ】ヘルシーなので、砂糖不使用のドリンクをよく飲む……82
【加湿器】水が減ったら、継ぎ足して使う……84
【窒息】のどに餅が詰まったら、掃除機で吸い出す……85
【靴】子どもに大きめの靴を履かせる……86

キレイになってなかった！ 家事の残念な習慣

【掃除機】ホコリが立つので、窓を開けて掃除機をかける……88
【掃除機】ホコリがたまっている部屋の隅から掃除機をかける……89
【掃除機】腕を前にぐんと伸ばして掃除機をかける……90
【粘着カーペットクリーナー】カーペットの上をコロコロ転がす……91

【メラミンスポンジ】風呂掃除に使ってピカピカにする……92
【メラミンスポンジ】素手で長時間使って掃除する……93
【大掃除】年末にしっかり大掃除して、家をきれいにする……94
【窓掃除】洗剤をスプレーで全面にかけてから拭き取る……96
【窓掃除】まずは濡れ雑巾で汚れを拭き取る……97
【乾燥機】アロマオイルのついた服を乾燥機にかける……98
【アイロン】アイロンをかけて、シャツが冷たくなったらたたむ……99
【雨の日の洗濯】晴れた日と同じように洗濯する……100
【ピーラー】引き出しに寝かせて保管する……101
【箸】何膳かまとめて持ち、こすり合わせて洗う……102
【スマホ】汚れたらティッシュペーパーで拭く……104
【ガム】服にガムがついたら、すぐにはがす……105
【包丁の構え方】まな板に向かって、足を揃えて立つ……106

かえって悪い結果に！ 美容と身体ケアの残念な習慣

【化粧水】劣化しないように、冷蔵庫で保存する……108
【耳かき】耳アカがふやけて取りやすい風呂上がりに掃除する……109

【風呂上がり】濡れた体をタオルでポンポン叩いて拭く……110
【風呂上がり】風呂から上がったら、脱衣所で体を拭く……111
【白髪】気になるから、見つけたら抜く……112
【髪】シャンプーは髪に直接つけて泡立たせる……114
【化粧】休日はすっぴんで過ごし、肌を休ませる……115
【撮影ポーズ】かわいい内股で、ハイ、ポーズ……116
【レモンティー】朝、レモンティーを飲むのが好き……117
【老眼鏡】既製の安いもので十分……118
【酒】「エンプティカロリー」だから、太るのを気にせず飲む……120
【カロリーオフ】ダイエット中、「オフ」タイプをよく飲む……122

もったいないことしてた！ 食べ方の残念な習慣

【ゆで卵】新鮮な卵でゆで卵を作る……124
【レモン】果肉の部分を下にしてしぼる……126
【イチゴ】包丁でヘタを切り取って食べる……127
【ヒジキ】戻し水は栄養がありそうだから料理に使う……128
【チョコレート】コーヒーを飲みながら食べる……129

【ホウレンソウ】鉄分が豊富だから、貧血予防に食べる……130
【キュウリ】「世界一栄養のない野菜」だから食べない……132
【キュウリ】包丁を垂直に入れて輪切りにする……133
【バナナ】ヘタのほうから皮をむく……134
【バナナ】人と分ける場合は、包丁で切って二等分する……135
【マイタケ】石づきを切って調理する……136
【セロリ】葉は食べられないので捨てる……138
【シシトウ】ヘタの先だけを切り落として、炒めものや揚げものに……139
【紅茶】海外産のミネラルウォーターでいれる……140

だからマズかったのか！ 食品保存の残念な習慣

【醤油】冷蔵庫のドアポケットで保存する……142
【粉チーズ】常温だと傷むので、冷蔵庫で保存する……143
【大根】切り口をラップで包んで保存する……144
【トマト】ヘタを上にして保存する……145
【冷暗所】開封後の調味料などはシンク下に置いておく……146
【ジッパー付きポリ袋】使ったあとは洗って、何回か再利用する……147

【ペットボトル】コップに入れるのが面倒なので、口をつけて飲む……148
【炭酸飲料】床に落としたものを、泡がこぼれるのを覚悟して開ける……149
【ペットフード】長持ちさせるため、冷蔵庫で保存する……150

対処の仕方が違ってた！ イザというときの残念な習慣

【目】かゆいときは、まぶたの上からこする……152
【瞬間接着剤】指につかないように、軍手をはめて使う……153
【クラゲ】すぐに水道水で触手を洗い流す……154
【蚊】蚊に最後まで血を吸わせると、かゆくならないので叩かない……156
【蚊】蚊に刺されたら、爪で「バッテン」印をつける……157
【防災グッズ】イザというときのために、懐中電灯を備えている……158
【防災グッズ】軍手を災害備蓄品のなかに加えている……159
【朝食】朝は慌ただしいので、いつもパンとコーヒーだけで済ます……160
【おしぼり】テーブルにこぼれた汚れを拭く……162

知らなかったじゃ済まされない！ 車と自転車の残念な習慣

【フロントガラスの霜】お湯を直接かけて解氷する……164

【アイドリングストップ】機能がない車でも、信号のたびにエンジン停止……166
【一般道】片側2車線の右車線を普通に走る……167
【高速道路】一番左側のトラック専用車線は走ってはいけない……168
【高速道路】車線変更が面倒だから、右車線を走り続ける……169
【自転車】歩道を走る場合は、左側を通行する……170
【自転車】前の歩行者に対してベルを鳴らす……171
【サングラス】車を運転するときにかけるので、車内に置いている……172
【ライター】車でタバコを吸うので、ライターは車内に置いている……173
【電動カート】車やバイクと同じように、車道を左側通行する……174

だから疲れがとれなかったのか！ 睡眠を邪魔する残念な習慣

【眠る時間】「お肌のゴールデンタイム」は眠る……176
【こたつ】冬はこたつで、よく寝落ちする……178
【電気毛布】電気あんかや電気毛布をつけっ放しで寝る……180
【寝つき】ベッドに入ったら、あっという間に眠りにつく……181
【ベッド】寝つけなくても、ベッドのなかで目を閉じている……182
【テレビ】ベッドに寝転んでテレビを見る……183
【靴下】冷え性なので、靴下を履いて寝る……184

いつの間にか変わってた！

“一般常識”の残念な習慣

以前は「正しい」はずだったのに、
いつの間にやら時代が移り、
「間違い」「禁物」「効果なし」…。
そんなガラリと変わった
驚きの“一般常識”が大集合！

肉が硬くなるから、しらたきは離して入れる

すき焼きを作る際には注意が必要だ。脇役のしらたきを近くに配置すると、主役の牛肉が硬くなってしまうので、極力、両者は離しておかなければならない。これは日本人の〝常識〟だ。

こう信じて実行していた人に、じつに残念な報告がある。これまでの気づかいは、何の意味もなかった。しらたきがすぐ隣にあっても、牛肉が硬くなることはまったくないのだ。

〝常識〟を打ち破ったのは、一般財団法人日本こんにゃく協会。2017年、『「しらたき（糸こんにゃく）がすき焼きの肉を硬くする」は誤解だった』という衝撃的なプレスリリースを配布したのだ。

日本こんにゃく協会では、和牛肉と米国産牛肉をしらたきと一緒に調理し、肉の硬さがどう変化するのかを実験した。その結果、しらたきが肉を硬くしているのではないことを確認。すき焼きの肉を硬くするのは、加熱時間と肉の霜降り度合いが大きい、と結論づけた。

そもそもの誤解のもとは、しらたきはカルシウムを含んでいるため、そのアルカリ性が肉に作用して硬くなる、と考えられたからだ。しかし、しらたきに含まれるカルシウムは、同じくすき焼きの脇役である焼き豆腐の半分程度しかない。これからはしらたきの置き場所など気にせず、すき焼きを作るようにしよう。

正解！

肉を硬くするというのは誤解。どこに入れてもOK

酸化して体に悪いので、2、3回使ったら捨てる

天ぷらやフライで使った油は、酸化していて体に悪いので、2~3回使い回したら捨てる。こうした人は多いだろうが、じつにもったいない。その油は健康に悪影響を与えることはなく、まだ十分使えるのだから。

確かに、加熱や光によって油は酸化し、人体に有害な過酸化脂質に変化する。しかし、ある実験によると、30回繰り返して揚げものを作った油でも、酸化の進行具合は基準値以下だった。それに、過酸化脂質は100℃以上の高温になると分解されるので、そもそも揚げものに使う場合は気にする必要がない。

加えて、たとえ残っていても、過酸化脂質は消化器官で分解されて、ほとんど吸収されない。これからは安心して、揚げ油を再利用しよう。

体に悪影響はほとんどないので、繰り返し再利用OK

お茶で飲んではいけない

お茶にはタンニンが含まれているので、一緒に薬を飲むと、吸収が阻害されて効き目が悪くなる。だから、お茶で薬を飲んではいけない。薬を飲むときの常識として、いまも多くの人が実行していそうだ。

だが、これはとても古い情報だ。薬の吸収の速さにタンニンはほとんど関係しないことが、いまでは明らかになっている。食事中や食後に飲むのはもちろん、お茶や烏龍茶で薬を直接飲んでも問題はない。

薬の服用に使うと良くないのはジュース類。特に高血圧を抑える薬は、グレープフルーツジュースで飲むと、効果が強く出過ぎることがあるので厳禁だ。ほかの柑橘類のジュースも、場合によっては薬の効き目が変わるので、一緒に飲んではいけない。

正解!

タンニンは薬の吸収に影響なし。ジュース類がNG

毎日、頑張って食べてクリアする

健康のために、「1日30品目」を食べましょう——。このスローガンをいまだに信じている人もいるだろうが、じつはそんなにいっぱい食べる必要はない。随分前から、厚生労働省はこの高過ぎる目標を掲げていないのだ。

「1日30品目」は1985年、当時の厚生省が提唱することによって広まった。なぜ「30品目」なのかといえば、意外にも、確かな根拠があるわけではない。

当時、インスタント食品や冷凍食品、ファーストフードなどが好まれるようになり、スーパーなどの弁当や惣菜をよく食べる人も増えてきた。こうした食生活の変化を危惧した国が、栄養の偏りを防ごうとして、たくさんの食品を取るように指導したのがはじまりだ。

「1日30品目」という目標は2005年、国の指針として使われなくなった。その代わりに、主食・主菜・副菜を基本に、食事のバランスを取りましょう、といったごく当たり前のものに変わっている。

実際、「1日30品目」を満たすのは大変だ。毎食、旅館で出る夕食のように、食卓に相当な数の皿が並ばないと達成できない。真面目に頑張れば頑張るほど、カロリーオーバーの食べ過ぎになってしまう可能性が高いのだ。これでは本末転倒で、逆に健康を損なってしまいかねない。

ただ、「1日30品目」を目標としていた人は、具体的な目安がないと、何をどれほど食べればいいのか迷ってしまうかもしれない。そうした人におすすめなのが、「日本食品標準成分表」のカテゴリー（「菓子類」などを除く）を目標とすることだ。

その分類は、「穀類」「豆・豆製品」「魚介類」「肉類」「牛乳・乳製品」「卵」「果物」「海藻類」「キノコ類」「芋類」「緑黄色野菜」「単色野菜」「油脂」「嗜好品」の14カテゴリー。これらを1日1回、食事に取り入れればバランスの良い食事になる（穀類は2回以上でOK）。これからは考えを変えて、この目標を目指してみよう。

正解！

食べ過ぎてカロリーオーバーに！「1日14カテゴリー」で十分

バッテリーを使い切ってから充電する

スマホはバッテリーの容量が少なくなったら、充電しなければならない。問題は、そのやり方だ。こまめに充電ケーブルにつなぐのか、ほぼ使い切ってから充電するのか、大きくふたつの方法に分けられる。

残量がほぼなくなるまで待つ人は、こまめに継ぎ足しながら充電すると、バッテリーが傷みやすいと思っているのだろう。だが、スマホの進化は速く、この充電方法はすでに古いやり方になっている。

以前、スマホによく使われていたバッテリーのタイプは、ニッケル水素電池やニッカド電池（ニッケル・カドミウム電池）。これらの場合、残量がまだ大分あるのに継ぎ足し充電を繰り返すと、確かに劣化が進みやすかった。

しかし、いまのほとんどのスマホで使われているのはリチウムイオン電池。継ぎ足し充電を繰り返しても、ニッケル水素電池などとは違って、電池が劣化する恐れはあまりないのだ。
リチウムイオン電池の場合、約40～80％の電気容量が最適な状態なので、ゼロに近くなってから、一気に100％までフル充電するほうが良くない。充電の振り幅が大き過ぎると、バッテリーにかかる負荷も大きくなってしまう。
バッテリーの寿命を長くしたいのなら、日ごろからこまめに残量を確認。継ぎ足し充電を心がけて、常に最適な状態をキープするようにしよう。

正解！

電気容量40～80％の状態をキープすると長持ちする

充電しっ放しはバッテリーが傷む

スマホを充電する際、ケーブルをさしっ放しにしておくと、過充電になってバッテリーが劣化する。以前はよくこういわれていたが、いまも信じて実行している人はいないだろうか。

じつは現在のスマホは、充電ケーブルをさしっ放しにしていても、100%充電されると電流が自動的にストップする仕組みになっているものが多い。あるいは機種によっては、最適な充電状態の上限とされる80%まで充電されたら、電流の供給を少なくして、バッテリーの負荷を軽減するという賢い機能が搭載されている。

いまは過充電のことは気にしないでほぼOK。寝る前にスマホに充電ケーブルをさし込み、安心してベッドに入ってかまわない。

フル充電になったら、電流がストップするので大丈夫

プールから上がったら、水道水で目を洗う

プールサイドには、洗眼用の蛇口が設けられていることが多い。水泳の授業では必ず目を洗っていたからと、大人になってもその習慣を変えない人はいないだろうか。

プールのあとで目を洗うのは、じつは日本以外ではほとんど見られない習慣。その昔、プールの水の衛生管理が不十分なうえに、授業でゴーグルが使われなかった時代、結膜炎やプール熱（咽頭結膜熱）の予防を目的に指導されていた。しかし、いまでは逆にデメリットが大きいとして、行われないようになっているのだ。

水道水で洗眼すると、眼球を保護している成分「ムチン」が洗い流され、ドライアイなどを引き起こす恐れがある。加えて、水道水に添加されている塩素も、目に刺激が強過ぎる。塩素はプールの水にも含まれているので、必ずゴーグルを着用しよう。

正解!

目を守る物質が洗い流される！ 洗う必要なし

もちろん、食べ終わったらすぐに磨く

虫歯を防ぐため、歯磨きは食後すぐに行うのが常識。多くの年代の人たちは、子どものころからそう教えられてきたはずだ。しかし、最近、風向きが変わってきた。食後すぐに歯磨きをすると、歯を傷める恐れがあるので、30分ほどあとで磨くほうがいい、という考え方が広まってきたのだ。

食事のあとは口のなかが酸性になることから、歯の表面がもろくなる。こうした状態のときに歯磨きをすると、歯ブラシの刺激によって歯を傷めやすい。食後30分ほどたつと、唾液の働きによって口のなかが中和されるので、歯磨きをしても歯に負担がかからない――。これが、歯磨きは食後30分たってからのほうがいい、という新しい説の根拠だ。

なるほど、そうだったのか!と目からウロコが落ちたような気になるかもしれない。

だが、話はそう簡単ではない。子どもの歯の専門家が集まる日本小児歯科学会では、次のような理由で「食後30分説」に反対している。

食後すぐの歯磨きが歯を傷めるという説は、酸性の炭酸飲料に歯の象牙質を浸して調べ、歯にダメージがあったという実験をもとにしたもの。しかし、歯は象牙質よりも固いエナメル質で覆われている。加えて、歯には防御機能があるため、日本の一般的な食事で歯が溶けるようなことはない――。これも納得できる説明だ。

一方、歯の保存・修復を専門領域とする日本歯科保存学会では、酸性の強い飲料などを摂取した場合、歯の表面が侵蝕される「酸蝕症（さんしょくしょう）」に留意した歯磨きを推奨する、と発表している。

このように「諸説あり」というのがいまの状況。大きくまとめると、基本的には食後すぐに歯磨きをするのが良さそうだ。ただし、強い酸性の食べものや飲みものを摂取した場合は、30分ほど待つほうが無難だろう。強い酸性の食品には炭酸飲料、栄養ドリンク、赤ワイン、食酢ドリンク、柑橘類などがあるので覚えておこう。


正解！

強い酸性のものを口にしたら、30分後に磨く

爪を立てず、指の腹を使って髪を洗う

髪を洗うときは、爪を立てないで行うのが常識。頭皮を傷めないように爪は立てずに、軟らかい「指の腹」の部分を使って洗う。こういった習慣は、何も問題がないように思えるかもしれない。

しかし、年を追うごとに額が広がりつつある人、あるいは最近、髪の毛が心配になってきた薄毛気味の人なら話が違う。髪をできるだけ残すことを考えて、やり方を改めたほうがいいだろう。

指の腹を使って、頭皮全体をマッサージするように洗うと、皮脂をよく落とすことができる。だが、この洗い方をすれば、生えはじめたばかりの髪に大きなダメージを与えてしまう。

古くなった髪が抜けると、その毛穴から新しい髪が生えてくる。生えはじめの髪は、とても細くて弱い。こうした髪の〝赤ちゃん〟を、指の腹でごしごしこすってしまうとどうなるか？　せっかく生えてきたのに、簡単に抜けてしまうのだ。

薄毛が気になる人の場合、指の腹ではなく、爪の先よりもやや内側の指先を使って洗うのがおすすめだ。注意したいのは、決して頭皮をこすらないこと。指の先をしっかり当てて、頭皮自体を動かすようにして洗うようにしよう。

こうすれば、生まれたての細い髪を残し、その後の成長につなげることができる。

ぜひ試してほしい。

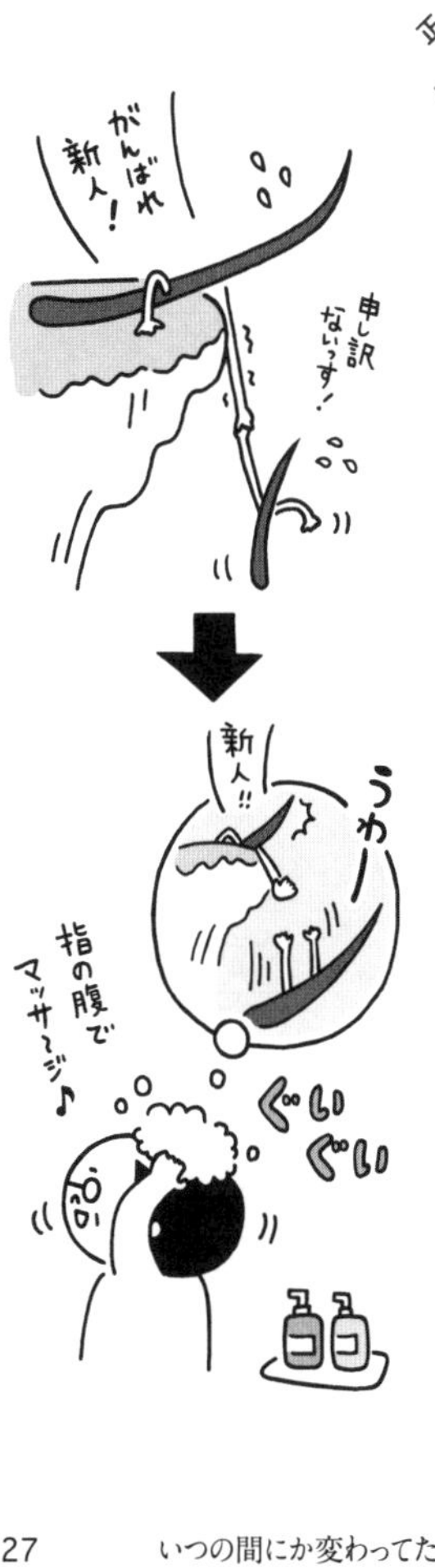

正解！

指先を頭に当て、頭皮自体を動かして洗うと薄毛防止に

床に座るときは「体育座り」をする

小中学生のとき、誰もがやっていた「体育座り」。立てたひざを抱えるあの座り方で、地域によっては「三角座り」などともいわれている。

子どものころから慣れ親しんだ座り方なので、大人になっても、床などに座るときには、ついこの「体育座り」をすることがあるかもしれない。しかし、この姿勢を取ると、どうしても猫背になって内臓が圧迫される。さらに、上体が丸まって体幹に力が入らないので、ひざを抱える腕が疲れてしまう。意外にも、「体育座り」は体に大きな負担がかかるのだ。

ある程度長い時間、腰をおろすのなら、片ひざを立てて、そのひざを片方の腕で巻くようにして抱え、もう片方の手を床につく姿勢が楽だ。

猫背になって内臓が圧迫されるなど、体の負担が大

残念!!

食後の姿勢

消化にいいので、「右を下」にして横になる

食事をしたら、右を下にして寝ると消化にいい、と聞いたことはないだろうか。これを信じて、食後、すぐに横になるのはけっこう危険だ。消化器官に負担が大きく、食べたものがこみ上げてくるかもしれない。

食べてすぐに横になりたいのなら、左を下にしよう。胃の形とメカニズムから、右を下にして寝た場合、食道と胃を結ぶ「噴門（ふんもん）」を閉じる「下部食道括約筋」という筋肉が緩みやすい。このため、左を下にして横になった場合と比べて、食べたものがより逆流しやすくなるのだ。

とはいえ、食べてすぐに横になるのは、病気のときくらいにしておこう。逆流を防ぐために最も大事なのは、食後1~2時間は横にならないことだ。

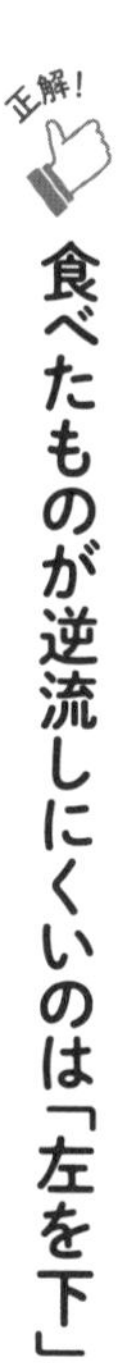

紙袋を口に当てて呼吸する

極度の不安や緊張に襲われて、息を激しく吸ったり吐いたりするようになり、見るからに苦しげな「過呼吸」。こうした状態になったとき、紙袋などを口に当てる「ペーパーバッグ法」という応急処置がある。

これは広く知られている方法ではあるが、近年、逆に危険な状態に陥る恐れがあるとして、推奨されないようになった。実際、死亡したケースもあるので、自分や周りの人間が過呼吸になったとき、この方法を試してみてはいけない。

過呼吸になりやすいのは、神経質な人や几帳面な人、緊張しやすいタイプの人など。何らかの強いストレスを受けて、激しい呼吸を繰り返すうちに、酸素を必要以上に取り込んでしまうことで症状が表れる。

体のなかに酸素が増えていくと、その一方で、どんどん二酸化炭素が減っていく。血液は通常、中性に保たれているが、二酸化炭素が減ることによって、急激にアルカリ性に傾いてしまう。この結果、血管の収縮が起こり、手足がしびれたり、筋肉がけいれんしたりと、体に異常が起こる。これで不安は一層大きくなり、さらに呼吸が激しくなる。そして、過呼吸もますますひどくなる……という悪循環に陥ってしまう。医学的には、こうした症状を「過換気症候群」と呼んでいる。

過呼吸を起こしたときには、血液を正常な状態に戻すようにしなければならない。紙袋を口に当てる対処法は、吐いた息を再び吸うことにより、二酸化炭素を効率良く取り入れるという効果を期待してのことだ。しかし、この方法は酸素が減り過ぎる、あるいは二酸化炭素が増え過ぎるリスクがあるので、近年はNGとされている。

血液中の酸素を減らし、二酸化炭素を増やすために有効なのは、息を10秒程度かけてゆっくり吐き出す呼吸法。可能なら、軽く息を止めてみるのもいい。一方、やってはいけないのは深呼吸で、酸素を一層取り入れることになる。周りの人が過呼吸になったら、優しく声をかけて落ち着かせ、この有効な呼吸法に誘導しよう。

正解！

いまはNGの応急処置に。ゆっくり息を吐き出す呼吸法を

干したら、布団たたきでたたく

よく晴れた日は、布団を干すのに絶好だ。ベランダの手すりにかけて、布団たたきでパン、パンとたたくと、細かいほこりがいっぱい出ていく。ああ、これで今夜は清潔でふんわりした布団で寝られる。こう思ってはいないだろうか。

布団をたたくと、確かにホコリがたくさん取れたような気になる。しかし、これらの多くはホコリではない。じつは、たたかれた衝撃によってちぎれて、布団のなかから出ていった細かい繊維なのだ。

しかも、布団をたたくと中綿が傷む。この結果、布団になくてはならない保温力や透湿力が低下して、快適な睡眠環境を得られなくなってしまう。

いや、たたくとダニは衝撃で死ぬだろう。こう思う人がいるかもしれないが、残念ながら、この効果も望めない。布団の表面近くにいたダニは、たたくことによって、奥深く潜り込んでしまうからだ。

ダニに関しては、さらに残念なことが起こる。たたくと、ダニの死骸やフンが細かく砕かれて、布団の表面に浮き出てくるのだ。布団を干したあとで、掃除機をかけるというひと手間をかけなければ、寝たときに肌についたり吸い込んだりして、アトピー性皮膚炎や喘息などを引き起こすことも考えられる。

布団たたきを使う場合は、決してたたくのではなく、サッサッと表面のホコリを払う程度にしよう。

正解！

布団が傷み、ダニの死骸が散らばるなど、いいことなし！

残念!!

勉強

切りのいいところまでやってやめる

何かの勉強をするとき、切りのいいところまでやってから、休憩したり、終了したりしてはいないだろうか。ごく当たり前の正しい行動のように思えるかもしれないが、勉強の仕方としては効率が良くない。

じつは、人間は「達成したこと」や「完成したこと」よりも、「達成できなかったこと」や「中断していること」のほうが印象に残る。リトアニア出身の心理学者、ブルーマ・ツァイガルニクの研究で明らかになったことで、彼女の名前を取って「ツァイガルニク効果」という。

ツァイガルニク効果は、世のなかのさまざまなことで意識されている。例えば、連続ドラマはその典型だ。

どの連続ドラマも、切りのいいところでは終わらず、興味をひく事件や出来事の結論が出ないまま、次回につなげているはず。ドラマを見ている人は、えっ、ここで終わるの……と思いつつ、このあとの展開はどうなるのか？と興味をひかれて、翌週もチャンネルを合わせたくなるというわけだ。

多くのＣＭやウェブ広告なども、ツァイガルニク効果を利用している。情報を小出しにして完結せず、「続きはウェブで」などといわれると、そのサイトをつい開いてみたくなるだろう。

このツァイガルニク効果から考えると、「この章の終わりまで」「この10問すべてを解いてから」といったように、切りのいいところで勉強を止める方法は改めたほうがいい。その逆に、中途半端なところで止めて、いったん休憩をとったり、寝たりするようにしよう。

こうすれば、何かモヤモヤした気分になり、やりかけの勉強が頭の片隅から離れなくなる。このため、中途半端に終わった部分が記憶に残り、次に勉強を再開するときにずっと集中しやすくなる。

正解！

中途半端にやめるほうが、より記憶に残りやすい

せきをするとき、口に手を当てる

かぜをひいてせきをする場合、ウイルスを含んだ飛沫が飛び散らないように、手で口を押さえるのは当然のエチケット。こう思っている人はとても多いだろう、しかし、最近広まってきた対処の仕方はまったく逆だ。

啓発しているのは厚生労働省。せきを手で押さえるのはＮＧで、ティッシュペーパーやハンカチなどで口や鼻を覆う、あるいは上着の内側や袖で覆うことを推奨している。手で押さえると、ウイルスがついた手でドアノブなどを触ることになるので、感染を拡大する恐れがあるというのが理由だ。

なるほどその通り、と納得できるのではないか。マスクをつけられないときや、かぜのひきはじめなど、この対処法を覚えておいて実行しよう。

正解!

手にウイルスがついて、感染拡大につながるのでNG

残念!!

発熱

布団を何枚も重ねて、汗をたっぷりかく

汗をたくさんかけば、熱が下がる。かぜやインフルエンザになって熱が出た場合、昔からこういわれていた。この治療法を信じて、熱が出たときには必要以上に部屋の温度を上げ、布団や毛布を何枚も重ねている人はいないか。

確かに、発熱がピークに達して、下がっていこうとするときには、自然と汗をかく。しかし、無理に汗をかいても、熱が下がるわけではない。それどころか、熱が出たときに布団や毛布を何枚もかけると、汗が蒸発しにくくなって熱がこもる。これでは体温が下がりにくいし、体力も消耗してしまう。

無理やり汗をかこうとするのは、病気が治っていくのを邪魔するようなものだ。熱が出たら、汗を放散しやすい薄着にして、汗をかいたら着替えるようにしよう。

のどに刺さったら、ごはんを飲み込んで取る

魚を食べていたら、のどに骨が刺さってしまった。こんなとき、昔からある「ごはんを丸飲み」という対処法を試してはいないだろうか。

それなりに効果がありそうな気がするかもしれないが、やめておいたほうがいい。成功する可能性もあるが、運が悪ければ、さらに骨が深く刺さってしまう。こうなると、たかが魚の骨ではあるが、病院での治療が必要になる。

骨が刺さったら、まず唾を飲み込んでみて、ダメならうがいをする。浅く刺さっているだけなら、これで取ることは十分可能だ。ダメな場合は、鏡を見ながら指を使って取り除く。自分では難しい場合は、家族などに頼むといい。それでも取れず、しばらく痛みが続くようなら、耳鼻咽喉科を受診するようにしよう。

深く刺さって、一層抜けにくくなる恐れあり!

何気なくやっていた！

日常に潜む残念な習慣

普段の暮らしのなかで、
何気なくやっている行動が、
ビックリ仰天の大間違い。
早く習慣を改めないと、
取り返しがつかなくなる！

湯船のなかでおならをする

湯船に浸かっているときに、おならをする。このとき、風呂のなかがどういった状況になるのか、考えたことがあるだろうか。

湯のなかでおならをすると、お尻から気泡がふらふら上がってくる。じつは、この気泡のなかには、数千から数万もの大腸菌が含まれている場合があるのだ。風呂の湯程度の温度では死滅しないので、お尻から放たれた膨大な数の大腸菌は、湯のなかに漂い、じわじわ広がっていく……。

おならに含まれている程度の量では、人間の健康に悪影響を与えることはないようだが、同じ湯を使う人たちは気分が良くないだろう。少なくとも、温泉や公衆浴場ではおならをしないほうが賢明だ。

膨大な量の大腸菌が湯のなかに広がるのでNG!

ベッドのなかで横になったまま飲む

病気で発熱したときは、体がしんどいので、ベッドのなかから出たくない。そこで、横になったまま薬を飲む。あるいは、薬を飲むと同時に、すぐにベッドに横になる。こうした飲み方をする人は少なくないのでは。ありがちな行動ではあるが、医師や薬剤師に知られたら、「何てことを!」と叱られてしまうだろう。

立った姿勢で、水と一緒に薬を飲んだ場合、わずか10秒程度で食道を通過して胃に達する。ところが、横になった姿勢で飲むと、飲んだ薬がなかなか食道を抜けることができない。このため、立って飲んだときと比べて、薬が効きはじめるのが30分ほど遅れてしまうケースもあるのだ。しんどくても、薬を飲むときは、必ず体を起こすようにしよう。

薬の効きが30分も遅くなる! 必ず上体を起こして飲む

割れないように、レジ袋の一番上に置く

スーパーで卵パックを購入したとき、レジ袋にどのように収納すればいいのか。下のほうに置くと、ほかのものの重みでつぶれる恐れがあるからと、一番上に置く人も少なくなさそうだ。しかし、このやり方では、いつ卵が割れてもおかしくない。

卵パックは「上下」の方向に強く、パックの上に2ℓ入りのペットボトルを10本置かれても平気なほどだ。これに対して、「左右」からの衝撃にはずっと弱い。この性質から、グラグラしやすい一番上に置くのは良くない。移動時の揺れで卵パックの位置がずれ、強度の低い横の部分がほかのものと当たる可能性があるからだ。

卵パックの置き場所は、レジ袋の底が正解。ここが最も安定し、揺れの影響を受けにくい。ただし、すぐ横に固いものを置くと、逆に割れやすくなるので注意しよう。

正解！

「上下」の衝撃に強いので、最も安定する袋の底に置く

刺身

買ったら、普通にレジ袋に入れて持ち帰る

生鮮品のなかでも、鮮度が落ちやすいのが刺身。とはいえ、氷と一緒にレジ袋に入れて、ごく普通に持ち帰れば大丈夫。こう考えている人は少なくない。

だが、魚の鮮度落ちの速さは想像以上。魚の細胞に含まれ、たんぱく質を溶かす酵素は10℃の状態で0℃の10倍以上、20℃では30倍近くも活性が高くなる。鮮度をキープするには、とにかく低温を保つこと。そのためには、レジ袋の扱い方が重要だ。

まず、袋の内部全体を冷やすため、買ったものをすき間なく積み上げ、ムダな空気の層を作らないパッキングを心がけよう。そのうえで、安定する一番上に刺身と氷を置く。そして、袋の空気を抜いて、口をきつく縛る。こうすれば暖かい外気が入らないようになり、スーパーから自宅程度までなら、鮮度を十分保つことができる。

正解!

レジ袋から空気を抜き、しっかり縛ることが大切

よく冷えるように、袋にたっぷり入れる

スーパーのレジの近くなどには、持ち帰り用の氷が必ず用意されている。魚や肉などの生鮮品を買った場合、家に帰るまでに鮮度を落とさないようにと、誰もが利用していることだろう。

このとき、できるだけ冷やしたいからと、袋いっぱいに氷を入れて、何とか口を縛り、魚や肉のパックの上に乗せる。こうした習慣のある人は、残念ながら、帰宅中に鮮度をわざわざ悪くするようなものだ。

氷で冷やすために大事なのは、いかに多くの量を袋に入れるか、ということではない。いかに食品に接する表面積を大きくするかなのだ。袋いっぱいに氷を入れて口を縛った場合、袋は丸い状態になる。これではどうしても、食品に接する表面積が小さくなってしまう。

加えて、高さのある形になっていることから、魚や肉のパックと一緒に、生鮮品用の小袋に入れることができない。こうしたことから、いくら氷の量が多くても、肝心の鮮度を保ちにくいのだ。

持ち帰り用の氷で、魚や肉を効率良く冷やすには、袋に入れる量を少なくすることが肝心だ。そうして、できるだけ上の部分を縛って氷を押し広げれば、魚や肉に接する表面積が大きくなり、パックと一緒に小袋に入れることもできる。氷が少ないほうが冷やせるとは意外かもしれないが、次からはぜひこの方法を試してほしい。

正解！

氷が少ないほうが、食品に接する表面積が大きくなる

まず肉や魚をカゴに入れて、ほかの売り場を回る

スーパーで買いものをするとき、店内の最も奥にある肉と魚の売り場に直行。夕食のメインディッシュとなる食材を真っ先に買いものカゴに入れる。この行動には何も問題はない、と思うかもしれない。

しかし、生鮮食品である肉や魚は、買いものカゴに入れられた瞬間から鮮度落ちがはじまってしまう。店内の温度が高い季節ならなおさらだ。肉や魚をカゴに入れるタイミングはもっとあとのほうがいい。

主役の食材を売り場でチェックしたら、手に取るのは後回しにして、ひとまず入り口近くにある野菜売り場へ。献立に必要な野菜を選んで買いものカゴに入れ、それから肉・魚売り場にUターン。最後に主役を買いものカゴに入れてレジに向かおう。

手に取った瞬間から鮮度落ち! 最後にカゴに入れよう

飲み終えたら、水筒代わりに利用する

ペットボトルのドリンクを飲み終えたら、容器を水筒代わりにする人がいるようだ。使いやすそうだが、細菌だらけの水を飲むことになるのでやめておこう。

十分洗ってから再利用するので大丈夫。こう思うかもしれないが、ペットボトルは小さなデコボコがある複雑な形状のものが多い。よく洗っても、へこんだ部分に成分が残りやすく、細菌のおいしいエサになる。また、ブラシで洗った場合、細かいキズがつきやすく、ここにも細菌がたまりやすくなってしまう。

熱湯消毒すればいいと思うかもしれないが、ペットボトルは熱に弱く、60℃程度の湯でも縮みやすい。ましてや熱湯を入れたら、グニャッと変形して倒れ、熱湯が体にかかってやけどをするかもしれない。とにかく、水筒代わりにするのは禁物だ。

美容室で髪を洗ってもらうとき、頭を持ち上げる

美容室や理容室で、仰向けになってシャンプーする際、襟足(えりあし)を洗うときには頭を手で持ち上げられる。このとき、片手で頭を支えるのは重いだろうと、美容師や理容師の動きに合わせて、頭を上げてはいないだろうか。しかし、こうした〝気づかい〟は無用だ。美容師はありがたいと思うどころか、困っているに違いない。

襟足を洗う際、美容師や理容師は首が洗面台から離れないようにして、襟が濡れるのを防いでいる。それなのに、客が自分で頭を上げると、首と洗面台との間にすき間ができ、襟に水が入り込みやすくなってしまうのだ。「リラックスしてくださいね〜」と言われたら、首に変な力が入っている証拠。安心して、プロの手にゆだねるようにしよう。

首と洗面台の間にすき間ができ、襟が濡れるので上げない

残念!!

髪

湯船から湯をすくって髪を洗う

風呂に入って髪を洗うとき、多くの人は湯船にためた湯を使うだろう。皮脂が溶けはじめる温度は、人間の体温と同じ36・5℃程度。風呂の湯は40℃から42℃程度のことが多いので、皮脂を十分溶かして落とすことができる。

しかし、皮膚と頭皮では適温が違う。皮膚にちょうどいい湯加減は、頭皮には熱過ぎるのだ。このため、風呂の湯をそのまま頭にかけると、皮脂が必要以上に落ち、頭皮が傷んで、抜け毛などの髪のトラブルにつながる恐れがある。

皮脂を適度に落とし、頭皮がダメージを受けない。この条件を満たす適温は38℃。風呂の湯で髪を洗う場合は、少し水を足して、ややぬるくして使うようにしよう。シャワーで済ます場合は簡単で、温度を38℃に設定すればいい。

38℃が適温。40℃以上の湯は熱過ぎ、頭皮にダメージが！

大きく倒して、リラックスする

新幹線や飛行機、高速バスなどの座席はリクライニングシートになっている。上体を直立させたまま長距離を移動するのはしんどい……と、シートを倒すのが習慣になっている人はよくいる。

だが、長距離移動でリクライニングシートを倒すのはやめておいたほうがいい。最近よくいわれる〝マナー違反〟という点からではない。じつはシートを倒すと、体が楽になるどころか、腰に負担がかかってしまうからだ。特に普段から腰痛のある人は厳禁といっていい。

リクライニングシートを倒すと、体が横になる状態に近づくので、リラックスできるような気になるかもしれない。しかし、それは錯覚だ。シートを倒すと、体は中途半端な角度で斜めになる。こうした状態では、上体の重さを体幹で支えることができず、肩や腰に大きな負担がかかってしまう。

しかも、リクライニングシートを深く傾けた場合、シートと腰の間に空間ができやすくなり、上体の重さが腰により一層かかる。この不自然な姿勢で長時間移動するうちに、だんだん腰が痛くなり、肩や背中にも不調を感じてしまうわけだ。

基本的に、リクライニングシートは倒さないほうがいい。背中を背もたれにぴったりつけて、上体を真っ直ぐに伸ばした姿勢を保つと、長時間の移動でも楽に過ごすことができる。

注意したいのは、リクライニングシートを倒さずにいても、浅く腰をかけると、腰とシートの間に空間ができてしまうことだ。こうなると、シートを倒した場合と同様に、腰に負担がかかってしまう。きちんとした姿勢をキープするようにしよう。

なお、シートベルトがある場合、必要なとき以外は外したくなるかもしれないが、体のことを考えたら、しっかり締めたままのほうがいい。背すじを伸ばした姿勢を固定し、腰への負担を抑えることができる。

正解！

シートは倒さないほうが腰への負担が少ない

忙しくて時間がないので、いつも早食い

早食いが良くないことはわかっているが、仕事が忙しいので、どうしてもランチは急いでかき込んでしまう。こうした習慣が身についている人は、周りから微妙に避けられているかもしれない。あの人は口が臭いから、そばに寄りたくないと……。

早食いは消化器官に負担が大きく、食べ過ぎから肥満につながる恐れもあることはよく知られている。しかし、口臭の原因になることを知らない人は意外に多い。

早食いをすると、よく噛まないで飲み込むので、唾液があまり分泌されない。唾液には、口のなかの細菌の増殖を抑える働きもある。このため、分泌が少ないと口内環境が悪化し、口が臭くなってしまうのだ。周りから嫌がられないように、短時間で昼食を取る場合も、意識してよく噛んで食べるようにしよう。

正解!

唾液があまり分泌されず、口内環境が悪化して口臭に!

腰を大きく丸めて、顔をシンクに近づける

朝の習慣、洗顔。洗面台の前に立ち、手に水をためて顔まで持っていく。こんな簡単な動作が、腰痛やぎっくり腰の原因になるのを知っているだろうか。

やってはいけない顔の洗い方は、多くの人が行っているやり方。ひざを伸ばしたまま、背中を大きく丸めて、顔を洗面台に近づけるという動きだ。じつは、この動作は腰への負担がかなり大きく、筋力が衰えてきた中高年には危険な動きといっていい。特に、朝起きたばかりで体温が低く、体が固いときには要注意だ。

正しい顔の洗い方は、両足を少し開いて立ち、ひざを曲げて上半身全体を傾け、顔を洗面台に近づける方法。洗面台の縁の部分にひじをつくと、一層、楽に動作を行うことができる。

足を開いて立ち、ひざを曲げるようにすると腰が楽

食事の前は台ぶきんでテーブルをきれいに拭く

テーブルは食事のたびに、台ぶきんでちゃんと拭く。多くの人はこうした習慣があるだろうが、本当にきれいになっているのだろうか。

台ぶきんで拭くと一見、きれいになったように見えるが、じつは清潔とはいえない。殺菌することなく、水道水で洗うだけで繰り返し使っている場合、その台ぶきんにはさまざまな細菌が増殖しているからだ。特に魚や肉に触れている場合、食中毒を発生させる危険な細菌をテーブルにまき散らすことになりかねない。

台ぶきんは1回使うたびに、台所用漂白剤で殺菌するようにしよう。複数を用意しておけば、いつでも清潔で乾いているものを使うことができる。いちいち殺菌するのが面倒なら、除菌効果のあるウエットティッシュなどを利用するのがいいだろう。

除菌していないと、雑菌をまき散らすようなもの!

アルコールを含むタイプで顔や手を拭く

アルコール入りのウエットティッシュは、さっと拭くだけで除菌できる優れモノ。テーブルやキッチン周りはもちろん、肌に使うとス～とさっぱりするので、手や顔もきれいに拭きたくなる。

しかし、皮膚の弱い人なら、ノンアルコールタイプのウエットティッシュを使うべきだ。アルコール入りの場合、使用直後の気持ち良さは捨てがたいが、じわじわ皮膚が荒れていく恐れがある。アルコールの作用によって、汚れだけではなく、皮膚のガード役として残しておきたい皮脂も落としてしまうからだ。

皮膚が荒れやすい人は、テーブルなどを拭くときも、ゴム手袋を着用して手をガードしたほうがいいだろう。

皮脂を落とすので、皮膚が荒れる恐れあり!

食器を洗ったあと、洗剤がついたままで保管する

食器やまな板を洗うのに欠かせないのが台所用スポンジ。毎回、食器洗いに使ったあと、どのようにして保管しているだろうか。台所用洗剤がついたままのほうが細菌が増殖しにくそう……こう考えて、泡だらけで濡れた状態のまま、シンクの上にぽんと置いている人がいるかもしれない。

しかし、そうしたスポンジには汚れがたくさん残っており、水分もたっぷり含んでいるので、細菌がどんどん増殖してしまう。手入れの悪いスポンジには、なんと億単位の細菌が含まれている可能性がある。食器に直接触れるグッズにもかかわらず、まさに細菌の巣窟（そうくつ）になっているのだ。

前回、使ったままの台所用スポンジで洗うのは、食器に無数の細菌をなすりつけるようなもの。そうならないように、洗いものが終わったら、スポンジを水道水でよく洗うことが大切だ。

流水で汚れをきれいに洗い流したら、ギュッとしぼって水を切り、シンク周りの通気性の良いところに置いて乾かしておく。スポンジの素材は紫外線に弱いので、天日干しはＮＧだ。こうした手入れに加えて、ときどき、90℃弱の熱湯に浸けて細菌を殺し、冷水をかけて温度を下げてからしぼり、陰干しをして乾かすといい。

ほかに、スポンジをよく洗ってから固くしぼり、除菌効果のある台所用洗剤の原液をつけてもんで全体にいき渡らせて、そのまま保管しておく方法もある。

正解！

そのまま置いておけば、間違いなく細菌の巣窟に！

洗剤を入れた水に浸け置き洗いする

家事のなかでも、とりわけ面倒なもののひとつが食器洗い。いったん、桶に浸け置きして、ある程度まとめて洗うという人も少なくなさそうだ。

そういった習慣のある人は、その桶のなかで、恐ろしい事態が起こっているのを知らないだろう。衛生微生物研究センターの実験によると、温度などの条件が揃えば、約10時間後には、細菌が約7万倍にまで増殖。しかも、スポンジに洗剤を浸けて洗っても、1個の食器で平均約10万個の細菌が残っていたという。

長時間の浸け置きは、自ら食中毒を呼び寄せているようなもの。食べ終わったらすぐに食器を洗うように心がけよう。どうしても浸け置きしたい場合は、桶の水に洗剤を加えたうえで、せいぜい2～3時間程度にとどめておいたほうがいい。

ひと晩で細菌が7万倍に増殖! 食中毒の危険も!

上を収納スペースにして、ものを置いている

調理器具をはじめ、ものが何かと多いのがキッチン。限られたスペースを有効活用するため、冷蔵庫の上はけっこう広いからと、収納スペースに活用してはいないだろうか。なかなか良いアイデアのようではあるが、じつは冷蔵庫に大きな負担がかかっているかもしれない。

冷蔵庫は側面から放熱しているので、庫内をよく冷やすには、壁から少し離した位置に置くのがいい。ここまでは、広く知られていることだろう。しかし、最近の冷蔵庫は、側面だけではなく、上部からも放熱しているタイプが多いのだ。このため、上にものを置くと、放熱が妨げられ、余分な電力を消費することになりかねない。上部を収納スペースにしたい場合、まず取扱説明書をチェックしてからにしよう。

出かける直前に電源をオフにする

猛暑の夏はもちろん、寒い冬もエアコンは必需品。これがなくては快適に暮らすのは無理、と考える人も多いだろう。とはいえ、気になるのは電気代。いつでも外出直前、あるいは寝る直前に電源をオフにしている人は、今後は改めたほうがいい。その身についた習慣は、少々、ムダに電力を消費しているからだ。

エアコンの電源を切っても、冷暖房の効いている部屋の温度は急激に変わるわけではない。外出や就寝する場合、直前ではなく、15分前くらいに電源をオフにしても、そのあとは快適に過ごすことができる。

ただし、30分程度の短時間の外出を繰り返す場合、エアコンはかけっ放しのほうが消費電力は少なくなる。この点は要注意だ。

15分前にオフにしても、温度は急には変わらない

まさかの逆効果だった!

健康管理の残念な習慣

健康のために良かれと思い、
日々、取り組んできた
健康法や運動、病気の予防策。
これからも続けると、
健康を損なってしまう恐れあり!

運動前には念入りにストレッチして体をほぐす

準備運動をしないで、いきなり運動をしたら体を傷めてしまう。だから、運動の前には、筋肉をじわ〜と伸ばすストレッチを念入りに行う。こんな人は多いだろうが、じつはストレッチに対する考え方は随分前に変わっている。そろそろ、高校の部活などで教わった〝常識〟をアップデートしよう。

ゆっくり伸ばすストレッチをすると、筋肉の緊張が次第にほぐれていく。体が伸びて気持ちいいのは確かだろう。

だが、運動前に筋肉をほぐし過ぎるのは良くない。体に力が入りにくくなり、運動のパフォーマンスが落ちるからだ。これは激しいスポーツだけではなく、フィットネスジムで健康づくりのために行う筋トレなどでも同じ。100%の力が出ないので、トレーニング効果が下がってしまうのだ。

ストレッチはケガ防止に有効では？と思うかもしれないが、ゆっくり伸ばすストレッチだけを行っても、ケガは防げないと考えられている。とはいえ、ウォーミングアップなしで、いきなり激しい動きをするのは体に負担が大きい。
そこで、運動前に取り入れたいのが、軽く勢いをつけたリズミカルな動きで血流を促進する「動的ストレッチ」と呼ばれる動き。イメージしやすいのは、ラジオ体操だろう。サッカー選手が試合前に行う「ブラジル体操」も代表的な動的ストレッチだ。
こうした軽い運動で筋肉をほぐし、同時にウォーミングアップを図るようにしよう。

正解！

筋肉がほぐれ過ぎて、100%の力が出なくなる

健康のために揉んで、血流を良くする

ふくらはぎをよく揉むと、全身の血流が良くなって健康になれる。こう信じて毎日実行している人は、これまで命にかかわる病気にならなくて幸いだった。

脚に下りてきた血液は、ふくらはぎの筋肉がポンプのような働きをすることによって、心臓に向かって押し上げられる。ふくらはぎを揉むという〝健康法〟は、このポンプ機能を高めることが目的だ。しかし、ふくらはぎから心臓に向かう静脈は、血流が悪いので、血の塊である血栓ができやすい。強く揉みほぐすと、この血栓がはがれて血液の流れに乗って移動し、肺の血管などに詰まる恐れがあるのだ。

血行を促すのは良いことだが、その方法はふくらはぎを揉むことではない。ウォーキングをはじめ、足を使った運動を心がけるほうがはるかに効果的だ。

血栓がはがれて移動し、肺の血管に詰まる危険が!

冬にヒート系インナーを着てジョギング

寒い時期のジョギングやランニングは、体が温まるまで寒い。そこで、ヒート系インナーを身につけて走る。正しい選択のように思えるかもしれないが、真面目に運動しようとする人はやらないほうがいい。

ヒート系インナーは、体から蒸発する水蒸気を繊維が吸収し、熱エネルギーに変えることで温かくなる。とても保温性に優れているが、その一方で、スポーツ系インナーと比べると乾きにくいものが少なくない。

このため、運動をして大量に汗をかくと、体がびしょびしょになって不快になる。加えて、気化熱で逆に体温を奪われる恐れもあるのだ。ちゃんと運動をするのなら、速乾性に優れたスポーツ系インナーを着るようにしよう。

汗が乾かず、体温を奪われてしまう恐れあり

疲れたときには運動なんかしない

休日は仕事の疲れを取るため、ゆっくり体を休めるのが一番だ。こう考えている人は多いだろうが、じつは疲れたときこそ、積極的に体を動かすほうがいい。

スポーツの世界では、疲れたときにあえて体を動かすことを「アクティブレスト（積極的休養）」という。運動後のクールダウンや軽いランニングがこれで、血流を促進し、疲労物質を素早く処理する効果が期待できる。

一般の人たちも、このアクティブレストの考え方を取り入れ、たまった疲れを効果的に解消してみてはどうだろう。大げさに考える必要はなく、息が切れない程度のウォーキングで十分。心地良く体を動かすことにより、血流が良くなって疲れが取れ、固くなっていた筋肉がほぐれ、脳の働きが活性化されるはずだ。

あえて軽い運動をすると、血流が良くなって疲労回復

早く治すため、安静にしている

突然、ひどい激痛に襲われるぎっくり腰。不幸にも発症したら、楽な姿勢を保って安静にしているほうがいい、と思ってはいないだろうか。

その昔は確かに、動かないことを医師もすすめていた。しかし、いま世界の多くの国では、ぎっくり腰をはじめとする腰痛になった場合、3日以上安静を保つのは良くないとされている。

発症して2～3日たって少し楽になってきたら、できる範囲内で積極的に体を動かすようにしよう。動かないままでいると、腰痛と深い関連のある背筋が徐々に衰えていく。そして、いったん治っても、1年以内に再発するケースが多いのだ。再び激痛に襲われないため、多少の痛みは我慢して動くのが肝心だ。

安静は2日間だけ。我慢して動かないと再発する

かぜ薬と一緒に飲み、栄養をつけて早く治す

かぜを早く治したいとき、市販のかぜ薬を服用し、さらに栄養ドリンク剤を飲む。こうすると滋養強壮効果によって、かぜの治りが早くなりそうな気がするが……。

かぜ薬にはくしゃみや鼻水、鼻づまりを抑える効果のある抗ヒスタミン剤が含まれている。抗ヒスタミン剤は眠気を誘うので、その副作用を抑えるために、かぜ薬にはカフェインが配合されている場合が多い。

カフェインといえば、飲んで元気が出る栄養ドリンクの主要な成分のひとつ。このため、かぜ薬と栄養ドリンクを併用すれば、カフェインの摂り過ぎにより、不眠や動悸などを起こす可能性があるのだ。栄養ドリンクも一緒に飲みたいのなら、ノンカフェインのものを選ぼう。

カフェインの摂り過ぎで、眠れなくなる恐れあり!

予防のため、アルコール消毒は念入りに

インフルエンザが流行する季節、量販店をはじめ、さまざまな施設でアルコール消毒の容器が備えられている。それらを見つけるたびに、念入りに手や指を消毒。加えて、帰宅したときも消毒を励行している人は多そうだ。

確かにアルコール消毒は、インフルエンザ予防法として効果が高い。ウイルスを覆う脂溶性の殻がアルコールで破壊され、感染力が低下するからだ。しかし、アルコールは脱脂・脱水効果が強いことを忘れてはいけない。

頻繁にアルコール消毒を行えば、皮脂と水分が失われ、肌を守っている常在菌も取り除かれる。やり過ぎると手荒れになって、かえって病原菌の温床となる恐れがあるのだ。アルコール消毒をする場合、肌の状態を見ながら適度に行うようにしよう。

流行している時期、ドアノブを普通に握る

インフルエンザの流行時、接触感染を防止するために、電車やバスの吊り革につかまらない人は少なくない。しかし、ドアノブについてはどうだろうか。

公共の施設や会社のドアノブは多くの人が触る可能性があり、無数のウイルスがついていてもおかしくはない。しかも、厄介なことに、ドアノブについたウイルスの寿命は長いのだ。

インフルエンザウイルスは、表面がデコボコした衣服などの上では、せいぜい8時間ほどしか生存できない。しかし、ドアノブのような表面がスベスベした環境下では、24～48時間も生存し続ける。ドアノブを無造作に触るのは禁物。レバー式の場合は、指で触らず、ひじで押し下げてドアを開けるのもいいだろう。

正解!

ドアノブはウイルスの生存期間が長いので要注意!

マスクをつけられない場合、手洗いとうがいで予防

インフルエンザの予防法は、手洗い、うがい、マスクが基本。とはいえ、接客などの仕事をしている場合、マスクを着用しにくいかもしれない。こうした場合、手洗いとうがいをしっかり心がけても、無意識のうちに手で顔を触るクセがあれば、感染する確率がぐっと高まるので要注意だ。

インフルエンザは飛沫感染に加えて、ウイルスの付着したものに触れ、その手で鼻や口を触るという接触感染でもうつる。なぜだか人間は自分の顔に触れたがるようで、ある調査では3時間で鼻を16回、唇を24回も触っていたという。ウイルスがついている手なら、完全にアウトだろう。流行するシーズン、マスクをつけられない事情のある人は、意識して顔を触らないことを心がけよう。

手で顔を触ると、接触感染の可能性大!

一度かかったから、もう今シーズンは安心

運悪くインフルエンザになった場合、完全に治ってから、予防をまったく心がけなくなる人は多い。一度かかったのだから、今シーズンはもう感染することはない、というのが理由だ。当然ではないか、と思う人がいるかもしれないが、その考えは明らかに間違っている。

インフルエンザにはA型、B型、C型とあり、このうち大きな流行を巻き起こすのはA型とB型だ。なかでも、A型インフルエンザウイルスは非常に細かく分類され、全部で144タイプもある。

近年、流行しているA型インフルエンザウイルスは、H1N1（ソ連型）とH3N2（香港型）の2種類。H1N1は2009年、メキシコで突然発生して大流行し、「新型インフルエンザ」と呼ばれて注目された。一方、H3N2は1968年、「香港かぜ」として世界的大流行を巻き起こしたウイルスだ。

多くの場合、A型ウイルスは1シーズンに1種類しか流行しない。しかし、ときには2種類が同時に猛威を振るうことがある。実際、近年はH3N2がほとんどだったのだが、2019年にはH1N1も流行し、両者の感染率が半々程度になった。

同じA型でも、2種類のウイルスは分子構造が異なるので、例えばH1N1に感染しても、H3N2に対する抗体はできない。もう一方のウイルスには無防備なため、新たに感染する恐れがあるのだ。

さらに困ったことに、例年、A型にやや遅れてB型が流行する傾向がある。このため、日ごろの予防が十分ではなく、加えてかなり運も悪い場合、同一シーズンでA型に2回、B型に1回、計3回もインフルエンザで苦しむ可能性があるわけだ。

一度感染したら、それでもう大丈夫とはいえないのがインフルエンザ。シーズン中は手洗いを励行し、ちゃんと睡眠を取ることを心がけるなど、しっかり予防し続けるのが肝心だ。


正解！

予防しなければ、何度も感染する恐れあり！

感染予防にアルコール消毒する

インフルエンザと同じく、冬に流行する感染症がノロウイルスによる胃腸炎。感染すると、激しい下痢や嘔吐(おうと)、腹痛などを引き起こす。非常に感染力が強いため、十分注意して予防することが大切だ。

ノロウイルスはほとんどの場合、人の手を介して感染する。発症した人の嘔吐物や便の処理をしたときに、ウイルスが手につく。あるいは、ウイルスがついた手で調理した食品を食べる、といったことで感染しやすい。トイレのドアノブなどにウイルスが移り、それを手で触ってしまうことによる感染も多い。

予防のためには、手を石けんでしっかり消毒するのが第一。加えて、家族に感染者が出た場合は、ドアノブや手すり、嘔吐物が飛び散った床など、ウイルスがいそうなところを消毒しなければならない。

ここで問題となるのは、消毒の仕方。じつは、ノロウイルスにはアルコール消毒剤があまり効かない。一般的なアルコール系の除菌剤やウエットティッシュを使った場合、丁寧に拭いてもウイルスを取り除くことはできないのだ。

インフルエンザウイルスはアルコール消毒剤で十分効果があるが、ノロウイルスはまったく違う性質。アルコールで消毒したから大丈夫だと油断していると、家族に感染者が増えてしまうだろう。

ノロウイルスを撃退するには、家庭用の塩素系漂白剤を使うと効果的だ。ウイルスがいそうなドアノブ、手すりなど、直接手で触るところを消毒する場合は、2ℓ入りのペットボトルに水を入れ、漂白剤をボトルキャップ2杯分の10㎖加えて、よく混ぜて使うようにしよう。

嘔吐物がついた床や衣類などは、500㎖入りのペットボトルにやはりボトルキャップ2杯分の漂白剤を加え、もっと濃度を高くして使う。食器やふきん、タオルなどは、85℃以上の熱湯に浸けて、1分以上加熱すれば殺菌できる。


正解！

塩素系漂白剤でなければ殺菌できない！

老眼が進むので、老眼鏡は使わない

最近、スマホや新聞の字が読みにくい……。まだ若いつもりなのに、こうした老眼の自覚症状があると、ショックを受けるものだ。

目にはカメラのレンズの役割をする「水晶体」がある。年を取ると、水晶体を支える「毛様体筋（もうようたいきん）」という筋肉が衰えて、ピント調整機能がうまく働かなくなり、近くのものがぼやけるようになる。これが老眼のメカニズムだ。

老眼になったと思ったら、試しにメガネ店で老眼鏡をかけてみるといい。想像していた以上に、手元の字が大きく鮮明に見えるので、ビックリすることだろう。何となくネガティブなイメージが老眼鏡にはあるが、実際には非常に有効な器具なのだ。

けれども、老眼鏡をかけるのに抵抗のある人は少なくない。理由のひとつは、かけるのが習慣になると、老眼が一層進むと思っているからではないか。しかし、この考えは大きな誤りだ。

老眼鏡を利用しはじめる時期が早くても遅くても、老眼の進み具合には変わりがない。それどころか、かけないでいると、見えにくいものを目を凝らして見ようとするので、目が疲れてしまう。ひどい場合は、症状が表れるのは目だけにとどまらず、頭痛や肩こりが起こることさえある。

老眼を自覚しはじめる時期は人それぞれだが、多くは40代に入ってから。近くが見えにくくなったら、我慢しないで老眼鏡をかけるようにしたい。

老眼鏡をかけないでいると、眼精疲労や頭痛、肩こりに！

休肝日を設けているから、飲酒対策はバッチリ

酒を毎日飲むのは体に悪いので、週2日、肝臓を休めるために「休肝日」を設けることが大切。これは以前からよくいわれている健康習慣だ。

休肝日を取り入れている人のなかには、これで肝臓は大丈夫なので、ほかの日は酔っ払うまで痛飲する、という人もいるのではないか。しかし、それでは休肝日の効果はまったくない。

「休肝日」という言葉自体が誤解のもとかもしれない。本来の意味からいえば、「休飲酒日」。肝臓を休ませるのが主な目的ではなく、飲まない日を設けることにより、摂取するアルコールの総量を抑えるのが目的なのだ。2日続けて酒を一滴も飲まなくても、ほかの日に大酒を食らっては意味がない。

酒は徹底的に遠ざけたい毒物ではなく、適量で抑えた場合、健康に好影響を与える。1日に男性なら日本酒に換算して1合（女性なら1／2合以下）を飲むと、心筋梗塞や脳梗塞による死亡率が3～4割も低下する、という信頼できる調査もある。

もっと多く、毎日2合の飲酒を習慣にしても、まだ健康を害する恐れはほとんどない。だが、このあたりが分岐点。毎週、トータルで14合を超える酒を飲み続けると、健康に悪影響を与えるようになる。そこで、体に取り込むアルコールの総量を抑えるために、休肝日が必要になるのだ。

1日2合までなら、特に休肝日を設ける必要はないのだが、それでは飲み足りないと思う酒飲みも多いだろう。こうした場合、毎日3合飲み、週2日の休肝日を設けると、1週間のトータルでは15合。あともう少し控えるだけで、週14合までという目標を達成できるわけだ。

たとえ休肝日を設けていても、ときどき4～5合以上も飲むという人は、明らかに飲み過ぎ。いずれ肝機能に障害が起こるなど、体にガタがくるはずだ。そうなる前に、深酒は控えるようにしよう。


正解！

総量を抑えるのが目的なので、飲み過ぎは意味なし！

心臓病予防のために赤ワインを飲む

フランス人は動物性脂肪を大量に摂取しているのに、心臓病による死亡率が低い。これはポリフェノールたっぷりの赤ワインの効用に違いない、という説がある。そこで、毎晩赤ワインを飲むという、フランス流の健康法を取り入れるのはどうだろう。

しかし、そもそも心臓病の死亡率は、日本人のほうがフランス人よりもずっと低い。平均寿命についても、日本人はフランス人と比べて2歳弱長いのだ。日本よりも心臓病患者が多く、寿命も短い国の習慣をわざわざ取り入れる必要はないだろう。

加えて、フランス人はワインの飲み過ぎが影響してか、肝臓がんが非常に多い国だ。アルコールの分解能力が低い日本人が、フランス人のようにワインを毎晩たっぷり飲むのはデメリットのほうが大きい。ワインは適量をたしなむ程度にしておこう。

日本よりも心臓病が多く、寿命が短い国の真似は必要ない

かぜ薬を飲んで、飲み会に出かける

どうしても出席しなければいけない飲み会がある。しかし、かぜ気味だ……。こういった場合、飲み会の直前にかぜ薬を飲む人がいるのではないか。けれども、この行動は危険なので、絶対にやめておこう。

薬とアルコールには似たところがあり、どちらも肝臓で分解されて代謝される。処理についてはアルコールが優先されるので、酒と薬をほぼ同時に飲んだ場合、薬の扱いは後回しになってしまう。この結果、薬が想定以上の時間、肝臓にとどまることになり、正しい薬効を得られなくなるのだ。

また、アルコールとの相乗効果により、ひどい眠気などの副作用が出る場合もある。かぜ薬と酒の相性は極めて悪いのだ。

薬が正常に効かず、ひどい眠気に襲われるかも

ヘルシーなので、砂糖不使用のドリンクをよく飲む

砂糖が入っている飲みものや食べものは太るからイヤ。こう考える人に人気の高い商品が、人工甘味料を使った「カロリーゼロ」タイプだ。ヘルシーだと思って手に取る人も多いだろうが、ちょっと待ってほしい。ダイエットや健康のために飲んだり食べたりするのは、じつは逆効果かもしれない。

現在、一般的に使われているアスパルテームやアセスルファムK、サッカリン、スクラロースといった人工甘味料は砂糖の何百倍も甘い。それなのに、ほとんどカロリーがないのだから、やせたい人にとっては強い味方のように思えるだろう。しかし、人工甘味料には見過ごせない〝副作用〟がある。

人工甘味料の入ったものを口にすると、砂糖を食べたときと同じように舌は甘みを感じる。そこで、脳は血糖値が上がるものと判断。血糖値を下げる働きのあるインスリンを分泌する。ところが、人工甘味料にはカロリーがないので、血糖値は一向に上がってこない……。

これは本来ないはずの異常な状態だ。こうしたことが頻繁にあると、脳が混乱して、血糖値のコントロールがうまくできなくなってしまう。インスリンの分泌が乱れると、血糖値が高いままの状態が長引き、その結果、蓄えている脂肪が燃焼されにくくなる。つまり、太りやすくなってしまうのだ。

人工甘味料はほかにも、満腹感を得にくいので食べ過ぎにつながりやすい、腸内細菌に悪影響を与えて代謝異常を引き起こす、甘みに対する感覚が麻痺して甘み依存症になる、といった問題もあると指摘されている。

フランスの調査によれば、人工甘味料を添加したダイエットドリンクを週1・5ℓ飲む人は、砂糖の入ったドリンクを同量飲む人と比べて、糖尿病のリスクが59％も高かったという。健康効果を期待して飲んでいると、逆に健康を損なう恐れがある……こう懸念している研究者たちがいることは知っておきたい。

正解！

血糖値コントロールが乱れて、逆に太りやすい体になる！

水が減ったら、継ぎ足して使う

乾燥した空気に潤いをもたらす加湿器。特にかぜやインフルエンザが流行する季節には便利なアイテムだが、使い方を誤ると、体に大きなダメージを与えかねないので要注意だ。

管理で最も重要なのは、タンク内を常に清潔にしておくこと。水が減ったら継ぎ足して使う人もいるだろうが、絶対にやってはいけない。水のなかに細菌が繁殖しやすくなり、微細な水滴とともに部屋中にばらまかれる恐れがあるのだ。実際、加湿器が原因でレジオネラ菌に感染し、肺炎を引き起こして死亡したケースもみられる。

加湿器のなかでも「超音波式」のタイプには、管理を怠ると細菌がばらまかれやすいものがある。水の継ぎ足しは厳禁で、こまめに掃除するようにしよう。

水が汚れて細菌が発生し、ミストとともにばらまかれる!

のどに餅が詰まったら、掃除機で吸い出す

毎年、新年早々にニュースになるのが、餅をのどに詰まらせてしまう事故。この極めて危険な家庭内事故が発生した場合、掃除機を口に突っ込んで吸い出す方法が知られている。確かに、これで助かったケースもあるのだが、安易にやってはいけない。

掃除機で吸い出すことのリスクをあげてみよう。口のなかを傷つけやすい。吸引用の専用ノズルを使わないと、逆に餅をのどの奥まで押し込む恐れがある。のどに届く前からスイッチをオンにすると、舌を吸い込んで傷める。掃除機の先は汚くて衛生的ではない……。

これほどのリスクがあるのだから、掃除機を使うのは最後の手段。まず、手のひらのつけ根で、肩甲骨の間を強く何度も叩く「背部叩打法」を行うようにしよう。

リスクが多過ぎ。誰でもできる「背部叩打法」がベスト

子どもに大きめの靴を履かせる

子どもはすぐに体が大きくなるので、服や靴を買うときは、ちょっと大きめのサイズを選んではいないだろうか。たった数か月で使えなくなったらもったいないから、まあ仕方ない……と多くの人は思うかもしれない。しかし、こと靴に関して、その選び方は間違っている。

靴は小さいのはもちろん、大きくても足に良くない。ひと回り大きなサイズのものを履いていると、靴のなかで足が安定しないからだ。歩くたびに動いて、常に足先に負担がかかることにより、指が変形する外反母趾（がいはんぼし）になる恐れがある。

ちゃんと足のサイズを測って、それに合った靴を買うこと。そして、3～4か月に1度、サイズを測り直して、足に合っているのか確認するようにしよう。

正解!

足に合わないと、外反母趾になることも！

キレイになってなかった！

家事の残念な習慣

日常的な掃除や洗濯、料理、
大事なモノの手入れなど。
本当に効果を上げたいのなら、
いま行っている習慣を
徹底的に見直すべきだ。

ホコリが立つので、窓を開けて掃除機をかける

掃除機をかけると、後ろ側から勢いよく排気するため、どうしてもホコリの一部が舞い上がる。こうしたホコリを部屋の外に出すため、窓を開けて掃除をするのが当たり前。こう思ってはいないだろうか。

窓を開けて掃除機をかけるのは、じつは逆効果。風が部屋のなかに入ってきて、ホコリが一層舞い上がってしまうのだ。こうしたホコリはしばらくの間、空中を漂ったのち、部屋のあちこちにゆっくり落ちていく。せっかく掃除機をかけても、きれいにはならないのだ。

排気された空気の臭いが気になる場合は、掃除が終わって15分ほどたち、ホコリが大分落ち着いてから窓を開けて換気するようにしよう。

一層ホコリが舞い上がるので、換気は掃除が終わってから

ホコリがたまっている部屋の隅から掃除機をかける

掃除機をかけるとき、部屋のどこからかけているだろうか。

隅っこの壁際のほうがホコリがたまっているので、まずは最初にこれらを片づけ、それから部屋の中央付近へ。こうした順番で進める人が多いかもしれないが、賢い掃除の仕方とはいえない。掃除が終わったときには、部屋の隅に再びホコリがたまっている可能性が高いのだ。

部屋のなかで人が動くと、空気の流れによって、ホコリは隅のほうへと追いやられていく。このため、最初に壁際をきれいにしても、そのあと、ホコリが再び集まってしまうのだ。掃除機はまず、部屋の中央からかけるのが正解。そのあと、隅のほうに集まったホコリをまとめて吸い取れば、効率良く部屋をきれいにすることができる。

まず中央からはじめ、最後に隅のホコリを取るのが効率的

残念!!

掃除機

腕を前にぐんと伸ばして掃除機をかける

部屋の掃除をするとき、掃除機を持った手を前にぐんと伸ばして、大きく押し引きしてはいないだろうか。こうすると効率がいいと思っているのかもしれないが、上手な掃除機のかけ方とは到底いえない。

掃除機の吸引力を最大限に発揮するには、先端のヘッド部分を床に密着させる必要がある。ところが、手を前に大きく伸ばすとヘッド部分が床から浮きやすい。この結果、吸い込む力が弱くなり、どうしてもホコリが床に残ってしまうのだ。

掃除機を押し引きする距離の目安は、身長の半分程度。身長が160cmの人の場合、80cm程度の距離を押したり引いたりするようにしよう。この範囲内で動かすと、ヘッドを床に密着させたまま掃除機を動かすことができる。

ヘッドが床から離れて、吸い込む力が弱まってしまう

カーペットの上をコロコロ転がす

　コロコロ転がすだけで、ゴミやホコリを取ることができる粘着カーペットクリーナー。掃除機のようにホコリが舞い上がったり、部屋の空気が悪くなったりしないことから、愛用している人はたくさんいることだろう。

　だが、カーペットの上をコロコロ転がしただけで掃除を終えるのはまずい。きれいになったと思うかもしれないが、それは見た目だけのこと。粘着カーペットクリーナーで吸着できるのは、表面のゴミやホコリだけで、奥のほうに潜んでいるダニを取り除くことはできないのだ。

　ダニを除去するには、やはり掃除機をかけることが必要。リビングの床などの掃除とは違って、ある程度、ゆっくり時間をかけてノズルを動かすようにしよう。

くっつくのは表面の汚れだけ。奥に潜むダニは掃除機で駆除

風呂掃除に使ってピカピカにする

水を含ませるだけで、驚くほど汚れを落とせるメラミンスポンジ。100円ショップでも買える便利な掃除グッズとして、重宝している人は多いだろう。そして、間違った使い方をしている人も少なくないようだ。

メラミンスポンジは非常に硬い樹脂で作られており、汚れを削り落とすことによってきれいにする。このため、コーティング加工が施されているものなどに使うと、表面が削られて傷ついてしまうのだ。

メラミンスポンジを使ってはいけないのは、家のなかでは浴槽や洗面台、トイレなど。細かい傷がつくと、そこに頑固な汚れがたまり、洗剤を使っても落としにくくなる。車の洗車に使うのもNGで、塗装がはげて取り返しがつかなくなってしまう。

素手で長時間使って掃除する

メラミンスポンジを使うと、掃除をするのが楽しい。どんどん汚れが落ちるので、茶渋のついた湯呑み、油汚れが目立つキッチンの壁、汚れを落としにくい浴室の椅子や洗面器ほか、次から次にピカピカにしたくなるかもしれない。

しかし、長時間、メラミンスポンジを使うときには注意が必要だ。肌の弱い人は手が荒れてしまう可能性が高い。

メラミンスポンジはそれ自体の硬さによって、汚れを削り落としていく。ということは、ゴシゴシこするうちに、指の皮膚も削られてしまうのだ。短い時間、それほど力を込めないで使う分には素手でもいいだろう。だが、長時間掃除をする、あるいは力を込めて使う場合は、必ず手袋をはめて手をガードするようにしよう。

手の指も削られて、手が荒れてしまう!

年末にしっかり大掃除して、家をきれいにする

年末恒例の行事といえば大掃除。新しい年を気持ち良く迎えようと、1年のなかで最も掃除に精を出す。誰もがごく当たり前のことだと思っているだろうが、じつは大間違い。掃除をするのに一番向いていないのが年末だ。

何よりも、掃除をしてもきれいにはなりにくい。真冬に向かう気温が低い時期なので、油を含んだ汚れがしっかり固まっている。こうした取りにくい汚れを拭いて、完全に落とすのは容易なことではない。

年末の大掃除は、体にとっても負担が大きい。窓を開け放ってガラスを拭いたり、網戸を洗ったりするうちに、寒さにやられてかぜをひきやすくなる。それだけではなく、雑巾がけなどで水をよく使うことから、手荒れの原因にもなってしまう。

しかも、年末は何かと忙しい。現実的に、大掃除ができる日にちは数日しかない。この短い期間、年賀状づくりや新年の準備など、やるべきことは山積みだ。

効率の点から考えると、デメリットの多い大掃除に時間を割く必要はないだろう。年末に一気に行うのではなく、油汚れは暖かい時期に掃除するなど、1年を通して計画を立てて実行することをおすすめする。

もとはといえば、年末の大掃除が伝統行事になっているのは、正月にやってくる「年神様（としがみさま）」を迎えるため。その意味では、玄関だけはしっかり掃除するという方法もある。次の年末に向けてどう過ごすのか、早いうちから考えておきたいものだ。

正解！

寒くて汚れは落ちにくく、体の負担も大。1年通した計画を

洗剤をスプレーで全面にかけてから拭き取る

窓ガラスを掃除するのは大変だ。面積が大きいので、手際良く作業をしないと時間がかかって仕方がない。

そこで、まずスプレー容器に入った洗剤を窓ガラスの全面に吹きつけ、それから雑巾などで拭き取る。こういった手順で、効率良く進めようとする人は多そうだ。しかし、この掃除の仕方では、ピカピカの窓に仕上げることは難しい。

洗剤を窓ガラスに直接吹きつけると、下に向かって洗剤が流れ落ちていく。この液だれが起こると、拭いた際にムラができやすいのだ。加えて、窓ガラス全面にスプレーをすると、拭き取る前に洗剤が乾き、汚れが一層こびりついて取りにくくなってしまう。洗剤はガラスではなく、スポンジなどに含ませて使うのが正解だ。

ムラができたり、汚れがこびりついたりしやすいので禁物

残念!!

窓掃除

まずは濡れ雑巾で汚れを拭き取る

窓掃除は年末の大掃除だけ、あるいはせいぜい半年に1回程度……という人は少なくないだろう。そうした窓ガラスは外側が土ぼこり、内側が油汚れや手あか、カビなどで相当汚れている。

窓掃除をする際、まずは目につく汚れをざっくり取り除こうと、最初に濡れ雑巾を使って拭くケースがよく見られる。適切な手順だと思っているのだろうが、典型的なやってはいけない窓掃除だ。

いきなり濡れ雑巾で窓を拭くと、ホコリなどが湿ってダマになってしまう。こうなると、かえって汚れが落ちにくくなるのだ。ホコリは濡れ雑巾ではなく、ブラシを使って払い落すようにしよう。

ホコリがダマになって、汚れが落ちにくくなる!

アロマオイルのついた服を乾燥機にかける

香りを楽しめ、美容にも効果があるとされるのが、アロマオイルを使ったマッサージ。しかし、セルフマッサージを楽しんだあと、オイルのついたタオルなどの処理を間違うと大変だ。周囲まで巻き込む、とんでもない事態につながる恐れがある。

じつは、アロマオイルが染み込んだタオルや服を洗濯し、乾燥機に入れて回すことによって、火事を起こすことがある。アロマオイルに含まれる不飽和脂肪酸は、空気に触れて酸化すると発熱しやすい。こうしたタオルや服を乾燥機にかけると、高熱を発して発火してしまうケースがあるのだ。

アロマオイルのついたタオルや服は、絶対に乾燥機に入れてはいけない。洗濯後は自然乾燥させるようにしよう。

アイロンをかけて、シャツが冷たくなったらたたむ

ワイシャツなどにアイロンをかけたら、生地が湿って熱くなる。すぐにたたんだらシワになりやすいので、しばらくそのままにしておき、熱が冷めてからたたむ。この手順は誰でも知っているだろう。

ただし、アイロンをかけて5分、10分で、もうたたもうとする人がいるようだ。せっかくアイロンをかけても、そのやり方では意味がない。次に着ようとしたとき、シワがより、型崩れも起こしている可能性がある。

アイロンをかけたのち、シャツがある程度冷たくなっても、多くの場合、シワにつながる湿気はまだ残っている。湿気が抜け去るには、5分や10分では短い。ハンガーにかけ、そのまま30分以上置いて、完全に乾いてからたたむようにしよう。

正解！

30分以上置き、湿気を完全に飛ばさないとシワになる

晴れた日と同じように洗濯する

できれば、洗濯は晴れた日に行いたいものだが、毎回、そういうわけにもいかない。雨の日に洗った場合、困るのは乾きにくいこと。翌日になってもまだ湿っていて、着られなくて困ったことはないだろうか。

早く乾かすには、できるだけ水分を取り除いてから干すのが一番。洗濯機を全自動で回したのち、再度、脱水だけを数分かけて行い、水分をさらに飛ばしてから干すようにしよう。このとき、乾いたバスタオルを入れて脱水すると、洗いものの水分をより取ることができるので、一層乾きやすくなる。

ただし、脱水時間が長くなるほど、衣服へのダメージは大きくなる。大事なおしゃれ着などではやらないほうがいいだろう。

乾いたバスタオルを加え、再度脱水してから干す

引き出しに寝かせて保管する

上手に使えば、料理の出来栄えがアップし、調理時間を短縮させることもできるピーラー。ぜひ備えておきたい調理グッズだ。

扱い方も手軽で、使ったらさっと洗って、キッチンばさみなどと一緒に、引き出しのなかに入れておくだけでいい……こう思っているのなら、大間違い。いますぐキッチンに行き、保管の仕方を変えなければいけない。

ピーラーはあくまでも刃物。引き出しに保管しておくと、出し入れするたびに動き、ほかの調理道具に当たって、3か月程度で刃がダメになってしまう。切れにくくなったら、料理の出来にかかわるし、ケガにもつながる。ピーラーは立てるか、ひもで吊るして保管するようにしよう。

刃がすぐにダメになる! 立てるか吊るして保管を

何膳かまとめて持ち、こすり合わせて洗う

食事で使ったあと、箸はどのように洗っているだろう。しばらく浸け置きしてから、両手の間に何膳かまとめてはさみ、ジャラジャラとこすり合わせて洗う人がけっこういるのではないか。

100円ショップで買ったような箸ならともかく、ある程度上等な箸の場合、こうした洗い方はもってのほかだ。浸け置きもジャラジャラも、箸には相当な負担なので傷みやすくなってしまう。

浸け置きがいけないのは、箸が木で作られており、水に弱いからだ。洗う前の浸け置きが習慣になると、素材である木そのものが水を含み、膨張したり反ったりして、塗装が割れる原因となる。

次に、両手に挟んでジャラジャラ……は箸にとって最も良くない洗い方。摩擦によって物理的な負荷がかかり、表面が傷つきやすくなる。毎食後、この洗い方をしていると、箸の寿命は極端に短くなるはずだ。

箸を長く使いたいなら、食後すぐに洗うのが鉄則。まだごはん粒のかけらなどが乾いていないので、さっと手で優しく洗うだけで汚れは落ちる。できるだけ摩擦は避けたいので、食器洗い用スポンジを使う場合は、軟らかいほうの面を使うようにしよう。食洗機対応型の箸でない場合、食器洗い機を使うのもNGだ。特に漆（うるし）の箸の場合、高温の湯と激しい水流にさらされることにより、早く傷んでしまうのは間違いない。

汚れたらティッシュペーパーで拭く

スマホは指で操作するという性質から、画面が皮脂などで想像以上に汚れている。ときどき、ティッシュペーパーで拭いて、きれいにしている人も多いだろう。問題なさそうに思えるかもしれないが、この方法はデメリットが多いのでやめておこう。

じつは、ティッシュの繊維は油分を吸い込みにくい。皮脂でベタベタのスマホを拭いても、汚れをただ広げるだけで、きれいにすることはできないのだ。しかも、ティッシュの繊維は意外に固く、ゴシゴシこすると表面が傷つくことも考えられる。

ウエットティッシュならいいのでは?と思うかもしれないが、このやり方もリスクが大きい。アルコールなどの成分がコーティングやゴムの部分にダメージを与える場合があるからだ。スマホの汚れは、専用のクリーニングクロスを使うのが一番だ。

皮脂を吸い取れず広げてしまうし、表面が傷つく恐れも

残念!!

ガム

服にガムがついたら、すぐにはがす

何かにくっついたら、はがしにくいガム。靴の底ならまだしも、服につくのはたまらない。しかし、あわててはがそうとしてもムダで、簡単に取ることはできない。

ガムをはがすには、冷やして固めるのがポイントで、打ち身などに使うコールドスプレーを吹きつけるのが最も手早い。ない場合は、氷をビニール袋に入れて、ガムに押し当てて冷やすといい。固まったら、布でガムをつまむようにしてはがそう。

ガムが繊維のなかに入り込んでいる場合は、もうひと手間が必要だ。ガムに台所用洗剤を染み込ませて、服の裏側にぼろ布などを当てる。こうしてからガーゼや歯ブラシで叩くと、ガムが溶けてぼろ布に移る。きれいに取れたら洗濯をしよう。

とにかく冷やして、固めてからはがす

まな板に向かって、足を揃えて立つ

食材の選び方、加熱料理の仕方、調味料の使い方など、料理の味を左右する要素には、いろいろなものがある。包丁の使い方も、非常に大きなポイントだ。野菜や肉を正しく切ることができなければ、おいしい料理は作れない。

では、包丁を持って、どのような姿勢で立っているだろうか。まな板の正面に向かって、きちんと両足を揃えて立っているなら、うまく包丁を使えていないはずだ。まな板には両足を揃えて立ってはいけない。右利きの人の場合、右足を少し引き、やや斜めに立つのが正しい向き合い方だ。こうすると、右手を動かせる範囲が広がるので、スムーズに包丁を使うことができる。調理台からは握りこぶしひとつ分くらい、10㎝ほど間隔を空けて立つようにしよう。

右手を自由に動かせるように、右足を引いて立つ

かえって悪い結果に！

美容と身体ケアの残念な習慣

耳かきするのは風呂上がり？
シャンプーは頭に振りかける？
老眼鏡は100円ショップで購入？
早く考え違いを正さないと、
いろんなところにガタがくる。

化粧水

劣化しないように、冷蔵庫で保存する

化粧水を冷蔵庫で保存する女性は少なくない。食品と同じように、開封後は冷蔵保存のほうが劣化しないような気がするのだろう。それに加えて、冷たい化粧水を肌につけると気持ちいい、といった理由もあるようだ。確かにひやっとして、毛穴が引き締まるような感触があるかもしれないが、早く取り出しておこう。

冷蔵庫の温度は、化粧水にとっては少し冷た過ぎて、適している場所とはいえない。しかも、出し入れするたびに、急激な温度差に襲われる。こうした結果、保存性が高まるどころか、成分の安定性が揺らぎ、劣化する恐れがあるのだ。さらに、冷たい化粧水を塗ると、肌の表面の温度が下がって、せっかくの成分が浸透しにくくなってしまう。化粧水は常温保存が正解。室内の温度変化が少ない場所に保管しておこう。

低温過ぎて劣化する恐れがあり、成分も浸透しにくい

耳かき

耳アカがふやけて取りやすい風呂上がりに掃除する

日本人には耳掃除が大好きな人が多い。特に実行することの多い時間帯は風呂上がりだろう。湯気で耳アカがふやけているから、乾いているときよりも取りやすい。しかし、風呂上がりに耳掃除をするのはNGだ。耳アカがたくさん取れたと思っていても、それは取り除くべき汚れではない可能性が高い。

確かに、風呂に入ると湯気で耳アカがふやけて、耳掃除がしやすくなる。だが、軟らかくなるのは耳アカだけではない。耳の穴の表面を覆う皮膚も、普段と比べてずっとふやけている。こうした状態のときに、綿棒を突っ込んでかき回すと、皮膚がはがれてしまうのだ。耳掃除は耳が乾いているときに行うのが鉄則。それも頻繁に行う必要はなく、週に1回程度で十分だ。

耳の穴の皮膚もふやけているので傷つきやすい!

濡れた体をタオルでポンポン叩いて拭く

風呂上がりにタオルで体をゴシゴシ拭くのは、肌がこすれて良くない。そこで、肌にダメージを与えないように、タオルでポンポン叩くようにして拭く。これは体に優しい、正しい拭き方のように思える。

けれども、「ゴシゴシ」はもちろん、「ポンポン」も残念な拭き方。ただタオルで叩くだけでは、なかなか水分を拭き取ることはできないからだ。そうするうちに気化熱で体温を奪われ、湯冷めすることになりかねない。

肌を傷めず、しかも素早く拭くには、タオルを肌に1～2秒押し当てるのが正解。タオルを広げて使うと水分を吸収しにくくなるので、折りたたんで重ねた状態で当てるのがポイントだ。

1～2秒押し当てれば、水分をずっとよく吸収する

風呂から上がったら、脱衣所で体を拭く

風呂やシャワーのあと、濡れた体を浴室と脱衣所のどちらで拭いているだろう。たいてい、バスタオルは脱衣所に用意されることもあって、真冬以外は浴室を出てから拭く人が大半ではないか。

脱衣所は湿度が低いので、浴室内にとどまるよりも体が乾きやすい。この点も脱衣所で拭くメリットのように思えるかもしれないが、肌のことを考えると逆だ。湿度の高い浴室で拭くほうがずっといい。

濡れた体が乾くときには、肌の水分がどんどん失われていく。脱衣所のような湿度が低い環境のもとでは、水分が一層速く蒸発しやすい。このため、肌が短時間で乾燥し、トラブルにつながる可能性があるのだ。

湿度の高い浴室で拭かないと、体がどんどん乾燥する

気になるから、見つけたら抜く

白髪の生え方は個人差が大きいが、早い人なら30歳前後から目立つようになる。残念ながら、白髪があると老けて見えるのは事実なので、発見次第、抜いているという人は少なくなさそうだ。

しかし、白髪を見つけても抜いてはいけない。よくいわれる「白髪は抜いたら増える」というのが理由ではない。まったく別の観点から、白髪を抜くとトラブルのもとになる恐れがあるからだ。

持って生まれた地毛の色は、髪に含まれるメラニン色素によって決まる。日本人のような黒髪にはメラニン色素がたくさん含まれているが、ブロンドの髪には少なめで、白髪のなかにはほとんど存在していない。

メラニン色素は毛根にあるメラノサイトという色素細胞で作られる。その生成には、チロシナーゼという酵素の働きが欠かせない。チロシナーゼは老化によって量が減ったり、機能が低下したりする。こうしたメカニズムにより、年を取るに従って髪のメラニン色素が少なくなり、白く見えるようになるわけだ。

白髪を抜いても、チロシナーゼの働きやメラニン色素の生成に影響を与えることはない。ほとんどの場合、次に生えてくる髪の色は、抜いたものと同じ。白髪を1本抜いても、同じ毛根からまた白髪が1本増えてくるだけだ。

「白髪を抜いたら増える」といわれるのは、生えかけの短い髪は立つことが多く、目につきやすいことからいわれるようになったのだろう。

白髪を抜いてはいけないのは、毛根の組織を傷めることがあるからだ。無理に引き抜いて傷つくと、新しく生えてくる髪の成長に悪影響を与えてしまう。頭皮の炎症につながる恐れもあり、ひどい場合は毛母細胞がダメージを受けて、新しい髪が生えてこなくなることさえある。

白髪が気になっても、決して無理に抜かず、根元から切るようにしよう。

正解！

毛根がダメージを受けるので禁物！　根元から切るのが正解

残念!!

髪

シャンプーは髪に直接つけて泡立たせる

髪を洗うとき、シャンプーはどのように泡立てているだろうか。頭に湯をかけたら、髪に直接つけて、手のひら全体を動かしてモコモコ泡立たせる。男性の場合、このようにする人が多そうだが、正しいやり方とはいえない。

シャンプーの洗浄力は想像以上に強いので、原液を髪や頭皮に直接つけるのは避けたほうがいい。ダメージを与えないためには、まず少量のシャンプーを手のひらに取り、適度に泡立たせることが大切だ。

そして、その泡を髪ではなく、意識して頭皮につけるようにしよう。よく洗うべきターゲットは、あくまでも頭皮。髪は頭皮を洗っているうちに、自然とシャンプーが回って、汚れが落ちていくものだ。

正解!

それでは刺激が強い! 手のひらで泡立ててからつける

休日はすっぴんで過ごし、肌を休ませる

休みの日くらいは肌を休ませてあげたいと、メイクはもちろん、スキンケアもしない女性は少なくないだろう。すっぴんで過ごすのは、肌にとって自然なこと。とても良い習慣では?と思うかもしれないが、カン違いだ。

美肌を保つためには、休日も肌をそのままさらさないほうがいい。出歩かなくても、じつは窓から部屋のなかに紫外線が差し込んでくる。肌にダメージを与えないように、日焼け止めを薄く塗っておく程度のことは実行しよう。

乾燥する季節なら、保湿効果の高いファンデーションを塗って、肌に潤いを補給することも大切だ。肌を美しく見せるということではなく、外的刺激から守るという意味でのケアを忘れないように。

正解!

紫外線や乾燥から肌を守るため、最低限のケアが必要

かわいい内股で、ハイ、ポーズ

雑誌に登場するスタイル抜群のモデルは、両足の先端部分をくっつけて、長い脚を内股気味にして立っていることがよくある。こうすると、確かに、女性らしい可愛らしさがぐっと引き立つ。

そこで、一般の女子も真似をして、記念撮影などのときには、内股で立ってポーズを取りたくなるようだ。しかし、やめておこう。ほとんどの場合、雑誌のモデルのような写真映りにはならない。

内股で立つと、脚にばかり意識が集中して、体に力が入りにくい。このため、背すじが丸くなり、肩のラインはすとんと落ちて、不健康で若々しさがない雰囲気になりがちなのだ。ごく自然に立つほうが、ずっと健康的で魅力ある女性に見える。

朝、レモンティーを飲むのが好き

朝、1日のはじまりとして、コーヒーよりも紅茶を好む人も少なくないだろう。しかし、飲み方によってはトラブルのもとになるかもしれない。

問題なのは、レモンスライスを加えるレモンティー。柑橘類に含まれるソラレンという物質には、紫外線の吸収率を高めてしまう効果がある。このため、レモン果汁たっぷりの紅茶を飲んでから外出し、日光を浴びると、シミなどの色素沈着につながる恐れがあるのだ。

コーヒーよりも紅茶派の人は、朝はミルクティーがおすすめだ。朝食で果物を食べる場合も、肌のためには柑橘類以外のものにしたほうがいい。なお、ソラレンは数時間で排出されるので、日が暮れてから飲んだり食べたりする分にはかまわない。

紫外線に反応しやすくなり、日光に当たるとシミの原因に!

老眼鏡

既製の安いもので十分

近くがぼやけて見えなくなったとき、大きな味方になるのが老眼鏡。年をとったことを認めるような気がして、購入するのに二の足を踏む人がいるかもしれないが、目のためにも良いので、早めに使うようにしよう。

老眼鏡を手に入れる方法は、大きく分けて2通りある。ひとつはメガネの専門店で購入することだ。この場合、視力などをきちんと測ったうえで、目にしっかり合ったものが手に入る。さまざまなフレームから、好みのものを選べるのもメリットだ。

もうひとつの購入先は100円ショップなどの格安店。メガネ店と比べて、はるかに安く手に入るので、とりあえず、こちらの方法を選択する人も多いだろう。こうした既製の安価な老眼鏡を使っても、一応、近くの文字などが見えやすくなる。しかし、目にとってデメリットがあるので、あまりすすめることはできない。

理由のひとつは、ほとんどの人は左右の視力が異なっていることだ。このため、左右のレンズの度数は本来、視力に合わせて変える必要がある。けれども、既製品の左右のレンズはまったく同じ。店頭でいくつかかけてみて、一番よく見える老眼鏡を選んでも、じつは片方の目の視力しか合っていないのだ。

加えて、「瞳孔間距離」といわれる、右目の中心と左目の中心の間の距離に関しても、既製品には問題がある。

メガネ店では瞳孔間距離を測定し、それに左右のメガネの中心を合わせて、目に負担がかからないようにする。既製品の場合、そうした微調整ができないので、目にぴったり合ったメガネを手に入れにくい。

目に合わないメガネをかけていると、自分でも気づかないうちに目が疲れてくる。こうした眼精疲労が積み重なると、頭痛や肩こり、食欲がなくなるといった体の不調が現れることもある。値段が少々高くても、やはり老眼鏡はメガネ店でちゃんと買うようにしたい。

両眼の視力が違う場合などに対応できず、目が疲れることも

残念!!

酒

「エンプティカロリー」だから、太るのを気にせず飲む

アルコールは「エンプティカロリー（空っぽのカロリー）」だから、いくら飲んでも太らない。こう理屈をこねて、酒を飲んでいる人はいないだろうか。もちろん、この考えは大きな間違いだ。

カロリーがないどころか、アルコールは1g当たり約7㎉もある。これは炭水化物とたんぱく質の4㎉よりもはるかに多く、脂肪の9㎉に迫る熱量だ。

ただし、アルコールはほかの食品よりも優先的に燃やされてなくなり、体内に蓄積されないという性質を持っている。つまり、飲んでも〝空っぽ〟になるわけだ。しかし、だからといって、飲んでも太らないということではない。

ビールや日本酒、ワインなどを飲むときは、多くの場合、一緒に料理を食べるだろう。アルコールが先に燃やされている間、こうした料理に含まれる炭水化物やたんぱく質などのカロリーは、エネルギー源として消費されない。

このメカニズムから、アルコールのカロリーはすぐに燃えても、料理のカロリーは脂肪として蓄積されやすいのだ。しかも、ビールや日本酒、ワインといった醸造酒には糖質やたんぱく質が含まれているので、飲み過ぎればここでも摂取カロリーは増えていく。こうしたことから、飲んでも太らない、などということはあり得ない。

なお、アルコールがエンプティカロリーといわれるのは、高カロリーでありながら、栄養が含まれていない〝空っぽのカロリー〟という意味もある。

正解！

アルコールは燃やされるが、料理は脂肪になりやすい

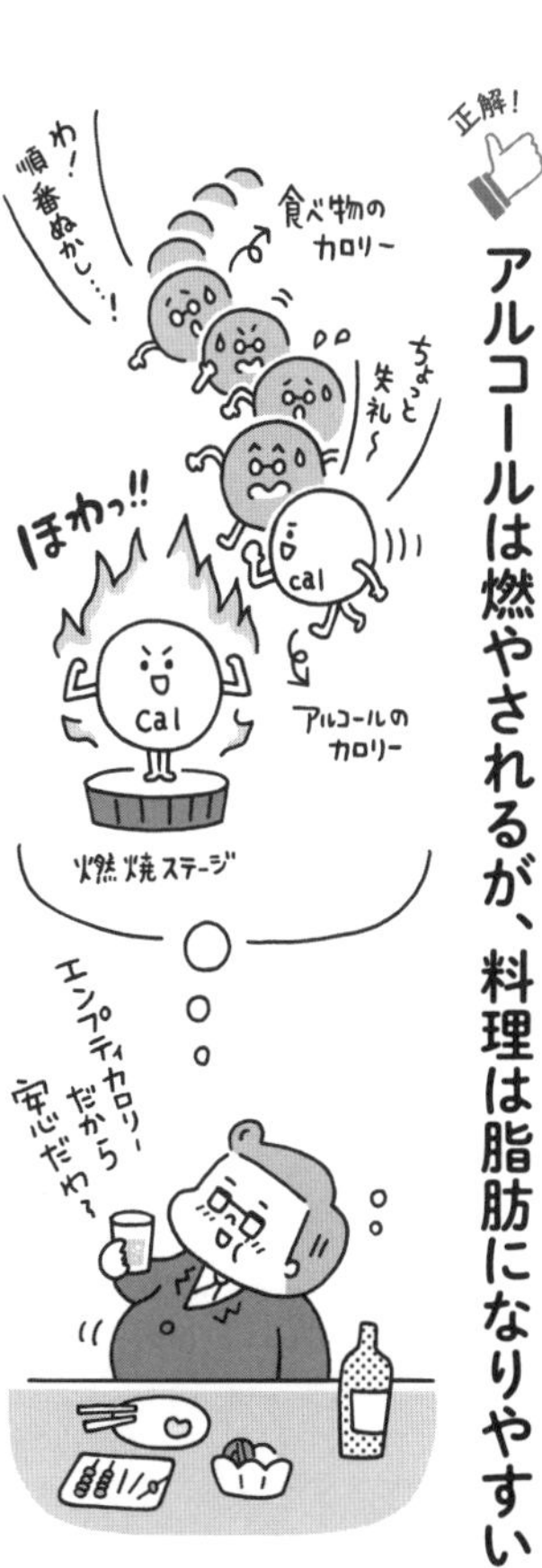

ダイエット中、「オフ」タイプをよく飲む

体重が気になる人に人気なのが「カロリーオフ」をうたったドリンク類。ダイエット中はこのタイプしか飲まない、という人もいるだろう。

「カロリーオフ」については、食品表示法に規定があり、ドリンク類の場合、100㎖当たり20㎉以下の商品ならこうアピールすることができる。やっぱりかなりの低カロリー……と思う人もいるだろう。

しかし、100㎖というと、たったコップ半分程度でしかない。ドリンク好きの人なら、1日に500㎖のペットボトルくらい飲み干すのではないか。そうすると、最大100㎉を摂取することになり、これを消費するには30分程度のウォーキングが必要だ。一般的なドリンクよりも低カロリーではあるが、飲み過ぎるのは禁物だ。

500㎖のペットボトルには100㎉含まれるかも!

もったいないことしてた!

食べ方の残念な習慣

ガクッと味が悪くなったり、
せっかくの栄養が失われたり…
日々の生活のなかで、
カン違いだらけなのが食事。
あなたの食べ方は大丈夫?

新鮮な卵でゆで卵を作る

魚や野菜は新鮮さが一番。卵も同じで、産みたて卵を買って数日以内に食べ切っている。こうした人の作ったゆで卵は、殻をむくときにひと苦労するはずだ。「卵殻膜」という薄皮がうまくはがれず、白身がくっついてボロボロになるに違いない。

卵かけごはんにするなら、産みたて卵が何よりだが、ゆで卵については違う。ある程度、日数のたった卵のほうが、ずっと殻をむきやすいのだ。

新鮮な卵を使ったゆで卵の殻がむきにくいのは、卵に炭酸ガスが多く含まれているからだ。産みたてから数日以内の卵をゆでると、加熱によって炭酸ガスが急激に膨張していく。その結果、白身が膨らんで、薄皮を殻の内側に押しつけることにより、殻がむきにくくなってしまうのだ。

産みたてから1週間もたてば、炭酸ガスはかなり抜けて、殻をむきやすくなる。そうなるまで、ゆで卵を作るのは控えておいたほうがいいだろう。

とはいえ、新鮮な卵でも、むきやすいゆで卵を作ることは可能だ。簡単なのが、空気の層のある膨らんでいる側に、画鋲などで小さな穴を開けておく方法。こうすると、殻と薄皮の間に水が入って、殻がむきやすくなる。水からゆでると穴から白身が漏れやすいので、熱湯に入れるほうがいいだろう。
ゆで上がったら、すぐに冷水に浸けて急冷しよう。卵の中身が収縮し、殻との間にすき間ができることによってむきやすくなる。

正解！

時間がたち、卵の炭酸ガスが抜けてからのほうがむきやすい

果肉の部分を下にしてしぼる

料理に添えられている、くし切りのレモン。これをしぼるとき、どのようにしているだろうか。皮側を上に、果肉側を下にしてしぼる人が大半だと思われるが、それでは残念ながら、せっかくの香りが薄まってしまう。

レモン特有のさわやかな香りは、果肉よりも皮のほうにずっと多く含まれている。このため、果肉側を下にしてしぼると、香りの薄いレモン汁になってしまうのだ。その逆に、皮側を下に向けるのが、正しいレモンのしぼり方。こうしたほうが皮から香りを含んだ汁が出やすいので、ぐっと香りが良くなる。

ただ、海外産の輸入レモンには収穫後、イマザリルなどの防カビ剤が添加されている。気になる人はよく水洗いしてから使うようにしよう。

皮のほうを下にしてしぼると、香りがぐっと良くなる

包丁でヘタを切り取って食べる

イチゴを食べるときには、ヘタを取り除く必要がある。ナイフや包丁で切り落としてから器に盛る人が多いだろうが、これからはやめておこう。せっかくの栄養をわざわざ捨てることになる。

　イチゴの栄養が最も詰まっているのは、じつはヘタの真下あたり。ここを切り落とすと、本来なら摂取できるビタミンCや葉酸などを摂り入れることができない。栄養をまるごと摂れる方法は、ヘタを指でつまんでクイッと回すこと。こうすれば、ヘタだけを簡単に取ることができる。

　ヘタは水洗いしたあとで取ろう。先に取ってから水洗いすると、切り口からビタミンCが約6割も流出してしまう。

戻し水は栄養がありそうだから料理に使う

乾燥ヒジキを水で戻したとき、戻し水にだしや栄養が溶けていそうなので、料理に使いたくなるかもしれない。しかし、やめておこう。その水には非常に厄介なものが溶け込んでいる。

じつは、ヒジキには有害な無機ヒ素が多いので食べないように……と英国食品規格庁が2004年に勧告している。ただし、農林水産省によると、無機ヒ素は水溶性なので、まず水で戻し、さらにゆでこぼすと9割程度減らせるとのことだ。

こうした下準備をして、適量を食べるようにすれば、健康に悪影響を与えることはない。だが、戻し水を料理に使うのはNGだ。乾燥ヒジキに含まれていた無機ヒ素の約5割が溶け込んでいるので、必ず捨てるようにしよう。

有害な無機ヒ素がたっぷり溶け込んでいるので捨てる

コーヒーを飲みながら食べる

コーヒーを飲みながら、お菓子をつまむのは至福のひととき。特にチョコレートは欠かせない。こういった人は、頭痛や動悸に悩まされる可能性がある。

1杯のコーヒーには90mg程度のカフェインが含まれている。欧州食品安全機関(EFSA)によるカフェイン摂取量の安全の目安は、体重60kgなら1回180mgまで、体重40kgなら1回120mgまでなので、コーヒーだけなら問題はない。

しかし、じつはチョコレートもカフェインをかなり含む食品。なかでも高カカオチョコの場合、板チョコ1枚分に当たる50g中に、商品によっては60mgも含まれている。スリムな女性なら、コーヒー1杯と一緒に食べただけで、安全の目安を超えてしまうのだ。コーヒーを飲むときには、食べ過ぎに注意しよう。

高カカオチョコを食べると、カフェインの摂り過ぎになるかも!

鉄分が豊富だから、貧血予防に食べる

鉄分を豊富に含む食べものといえば、肉ならレバー、野菜ならホウレンソウを思い浮かべる人が多いのではないか。

厚生労働省では鉄分を1日あたり、成人男性（30〜69歳）で7・5㎎、同じく成人女性では生理がある場合は10・5㎎、なければ6・5㎎の摂取を推奨している。ホウレンソウは生の状態で100g中に2㎎を含んでいるので、鉄分豊富な野菜というイメージに間違いはない。

調理も簡単で、ゆでたり炒めたりすると、たっぷりの量を食べられる。鉄分補給にぴったりのように思えるかもしれないが、残念ながら、じつはそうでもない。もりもり食べても、貧血が一気に改善されることはないだろう。

鉄分には動物性食品に含まれる「ヘム鉄」と、植物性食品に含まれる「非ヘム鉄」の2種類がある。両者の大きな違いは吸収率。非ヘム鉄はヘム鉄と比べて、ずっと吸収されにくいのだ。

こうした性質から、鉄分補給を意識して食事を取る場合、選ぶべき食材はホウレンソウではない。鶏や牛、豚のレバーや魚の血合いなどを食べるほうが、はるかに多くの鉄分を体に摂り入れることができる。

ホウレンソウから鉄分を摂取しにくい理由はもうひとつある。それは、シュウ酸を多く含んでいることだ。シュウ酸とはいわゆる〝アク〟の一種で、大量に摂取すると結石の原因になる恐れがあるほか、鉄分の吸収を妨げるという性質も持っている。ゆで時間や水にさらす時間の不足などで、このシュウ酸が抜け切らない場合、鉄分の吸収率が一層下がってしまうのだ。

ただし、非ヘム鉄は動物性たんぱく質と一緒に食べると、吸収率がアップすることがわかっている。しっかりアクを抜いたうえで、肉や魚を使った料理もあわせて食べると、ある程度の鉄分を摂取できることも覚えておこう。


正解!

植物性の鉄分は吸収されにくく、シュウ酸も吸収を阻害

「世界一栄養のない野菜」だから食べない

キュウリは栄養が全然ないから、わざわざ買って食べようとは思わない……。こういう人は、「キュウリは世界一栄養のない野菜」というウワサを聞いたことがあるのだろう。しかし、これは〝都市伝説〟とでもいうべき誤りだ。

確かに、キュウリはギネスブックに「Least calorific fruit」と掲載されたことがある。訳すと「最もカロリーが少ない野菜」。これがどこでどう間違ったのか、まるで異なる意味で広まってしまったのだ。

じつは、キュウリは栄養が乏しい野菜ではない。100gあたりのビタミンCと食物繊維はトマトとほぼ同量。水分とカリウムも豊富なので、利尿作用によって体を冷やしてくれる。特に、夏場は積極的に食べるようにしよう。

正解!

「世界一カロリーが少ない野菜」が正解で、栄養あり!

包丁を垂直に入れて輪切りにする

酢の物などによく使う、キュウリの輪切り。トントントンと薄く切るだけだが、切ったそばからコロコロ転がったり、包丁にくっついて離れなかったりで、なかなか難しい……という人は、包丁の使い方が間違っている。

キュウリを輪切りにする場合、ほかの野菜を切るときのように、包丁を垂直に落としてはいけない。包丁を外側にほんの少し倒し、刃を内側に向けて切ってみよう。

こうして包丁を使うと、切ったキュウリは転がらず、その場でことんと倒れてくれる。包丁の刃にもくっつきにくいので、調理のスピードはぐっとアップ。輪切りになったキュウリの形は、垂直に切った場合とほとんど変わらない。次からは、ぜひこの方法で切ってみよう。

包丁を傾けて切ると転がらない

ヘタのほうから皮をむく

バナナを食べるとき、皮はヘタのほうからむくか、それとも先のほうからむくのか？　こうしたアンケートを取ったら、ヘタ派が圧倒的多数を占めることだろう。

「日本人の9割がやっている残念な習慣」とは、まさにこのことだ。

じつは、バナナは先のほうからむくのが正解。先端近くを両手の指先でつまむと、先端部分の皮が割れる。その皮をつまんだまま、ヘタのほうに引っ張ると、〝スルリ〟という感じできれいにむけるのだ。ヘタからむくやり方と比べて、筋も取れやすいので、食べたときの食感もいい。

一般的な方法とは、まったく逆のむき方。次からはこの画期的な方法で、バナナを食べるようにしよう。

人と分ける場合は、包丁で切って二等分する

1本しかないバナナを誰かと分け合いたい。こうした場合、皮をむいてからまな板の上にのせ、包丁やナイフを使って二等分するのが一般的だろう。しかし、あとで包丁やナイフを洗う必要があるなど、それなりに手間がかかってしまう。

バナナを半分こするには、ずっと簡単な方法がある。ひとつは、バナナの両サイドを左右の手で持ち、グイッと力を込めて折るやり方だ。こうすると、つぶれることなく、きれいに真っ二つになる。ただ、この方法では下の部分の皮がつながったままだ。

もうひとつは、力を込めて左右に引っ張る方法。これだと皮ごとちぎれるので、さらに食べやすくなる。ただ、真んなかから若干ずれてちぎれることもあるので、分けるときにケンカしないようにしよう。

石づきを切って調理する

食物繊維をたっぷり含むキノコ類は、近ごろ、食品売場に並ぶ種類が増えてきた。マイタケも食感が良くて香りが高いことで人気がある。

このマイタケをパックから出して、さてどうすればいいのかと迷ったことはないだろうか。シメジやエノキなら、根元のほうにはっきりわかる石づきがあるが、マイタケには見当たらない。とりあえず、ちょっとだけ取り除けばいいかと、よくわからないまま、下のほうの1㎝程度を包丁で切っている人が多いのではないか。しかし、もったいないのでこれからはやめておこう。

今度、マイタケを買ったら、引っくり返して下のほうをじっくり見てみよう。シメジやエノキとは違い、スパッと切断されていて、おがくずのついている菌床は見当たらないはずだ。

じつは、販売されているマイタケには石づきはついていない。石づきの上の部分で切ってパックに詰めているので、すべてが可食部なのだ。少しも捨てることなく、安心してまるごと食べるようにしよう。

ほかのキノコ類と同じく、マイタケもクリーンな環境のもとで栽培されている。水で洗うと風味が落ちるので、そのまま調理してかまわない。

マイタケは切り分け方も簡単で、手で簡単に裂くことができる。こうすると、包丁できれいに切った場合と違い、断面に細かい凹凸ができるので、煮たり炒めたりするときに味が染みるのが早い。

石づき部分を切って販売されているキノコ類には、ほかにエリンギがある。これもマイタケ同様、まるごと食べてOKだ。

ただ、エリンギの場合、根元近くに薄茶色の線が入っている場合がある。これは菌床の瓶で栽培されているとき、その縁の部分が当たってできたものだ。食べても問題はないが、気になるようなら、薄く削ってから調理するといいだろう。

正解！

すべて可食部！ムダにしないで全部食べよう

葉は食べられないので捨てる

特有の香りで、好き嫌いの分かれる野菜がセロリ。豊富なビタミン類はもちろん、血液をサラサラにする成分もあるので、積極的に食べたいものだ。

セロリはそのままでサラダにするほか、洋風煮込み料理や炒め物の具にもされる。ただし、使われるのは茎の部分だけ、というのが一般的なケースではないか。葉の部分は使い道がない……と捨てられることが多そうだ。

しかし、セロリで栄養がより豊富な部分は葉。血液サラサラ成分のピラジンが多く、β-カロテンは茎の2倍もあり、食物繊維やビタミンB群、ビタミンCなどもたくさん含んでいる。使わずに捨てるなんて、もったいなさ過ぎだ。スープやサラダに加えたりするなど、積極的に料理に利用してみよう。

茎よりもずっと栄養や血液サラサラ成分あり!

残念!!

シシトウ

ヘタの先だけを切り落として、炒めものや揚げものに

唐辛子の一種なのに、ほとんど辛くないのがシシトウ。近い仲間のピーマンのように緑色が鮮やかで、炒めものや揚げものにすると、見た目もおいしい料理になる。では、シシトウを調理するとき、どういった下ごしらえをしているだろうか。細長いヘタの先を切り落としただけで、熱いフライパンや鍋に投入している人は、これまでとてもラッキーだった。やけどをしていても、まったく不思議ではないからだ。

シシトウは、内部が空洞の袋状。このため、高温で加熱されると、なかの空気が膨張して、突然、破裂することがある。このトラブルを防ぐには、加熱する前に竹串や爪楊枝などで穴を空けるか、包丁の先で小さな切り込みを入れて、空気の逃げ道を作っておくことが大切だ。特に揚げものは危険なので、絶対に忘れないようにしよう。

穴を空けておかないと、突然破裂する！

海外産のミネラルウォーターでいれる

水道水はカルキ臭いからと、ミネラルウォーターを愛用している人は多い。お茶やコーヒー、紅茶をいれて、やっぱり水道水とはひと味違う。こう満足している人は、大きなカン違いをしているかもしれない。

じつは、紅茶をいれるには、硬度の低い軟水に限る。ミネラルたっぷりの硬水を使うと、カルシウムやマグネシウムが紅茶に含まれる成分と反応。本来の味や香りが抑えられるうえに、色が黒ずんで見た目も悪くなってしまうのだ。

海外産のミネラルウォーターはほとんどが硬水なので、紅茶には向いていない。最適なのは、代表的な軟水である日本の水道水。別に特別な水を使わなくても、おいしい紅茶をいれることができるのだ。

硬水は紅茶に不向き。軟水の水道水でいれるのがベスト

だからマズかったのか!

食品保存の残念な習慣

食べものや飲みものは、
いっぺんで使い切れない場合、
しばらくの間、保存が必要。
正しい知識を身につけないと、
どんどん劣化してしまう!

冷蔵庫のドアポケットで保存する

醤油は最もよく使用する調味料のひとつなので、料理中に手が届きやすい場所に保管している人は多いだろう。しかし、いったん開封したら、常温で保存するうちに少しずつ品質が劣化していく。そこで、風味を保つために、取り出しやすい冷蔵庫のドアポケットに入れておくケースもよく見られる。

劣化しない温度を保ち、しかも取り出しやすいのがドアポケット。保存場所として最適のように思えるかもしれないが、ここに置くのはやめておいたほうがいい。じつは、光や空気、高温などのほか、振動も醤油が劣化する原因となる。開け閉めするたびに大きく揺れるドアポケットは、醤油を保存するのに向いていないのだ。ドアポケット以外の冷蔵庫内に置くようにしよう。

開け閉めの際の振動で品質が劣化する!

常温だと傷むので、冷蔵庫で保存する

チーズは牛乳と同じで、常温で保存したらどんどん傷んで、すぐに食べられなくなってしまう。当然、冷蔵庫で保存するのが決まり。こう信じている人は、なかには例外があることを覚えておきたい。

チーズのなかでも、パルメザンチーズのような粉チーズに限っては、常温での保存が正解。ほかのチーズよりも、含まれている水分がずっと少ないので、室内に置いていても劣化しにくい。かえって冷蔵庫に保存しておくと、出し入れする際の温度差と湿度差の影響により、固まってダマになりやすいのだ。

粉チーズは冷蔵庫ではなく、直射日光が当たらず、湿度の低い涼しい場所で保存するようにしよう。

冷蔵保存すると、固まってダマになる可能性大

切り口をラップで包んで保存する

大根を1本全部使い切るのはなかなか大変。切り口をそのままにしておくとしなびやすく、ラップで包んでおいても保存性は良くない。結局、食べ切れないうちに捨ててしまう……。こうした経験はないだろうか。

大根が劣化してしまったのは、保存の仕方が良くなかったからだ。じつは、大根は切り口が湿ると傷みやすい。乾いた状態を保つには、切り口をキッチンペーパーで包むのがポイントだ。そのうえで、ジッパー付きポリ袋に入れて、冷蔵庫で保存すると、新鮮な状態を長く保つことができる。

1本を買った場合、いくつかに切り分けて保存するのがいいだろう。なお、葉付きの場合は劣化しやすいので、すぐに葉の下の部分を切り落とすようにしよう。

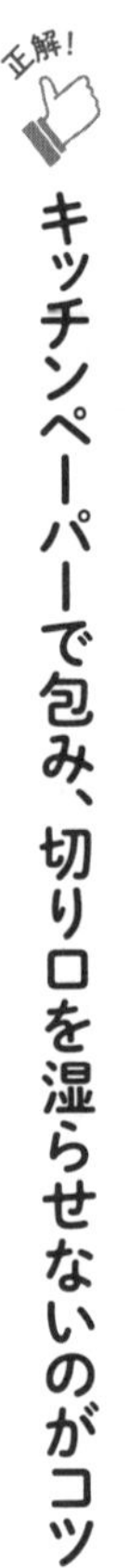

キッチンペーパーで包み、切り口を湿らせないのがコツ

ヘタを上にして保存する

野菜を保存するときは、畑で成っている状態に近づけることがポイントだ。例えば、キャベツや白菜は芯を下にし、アスパラガスはコップなどに入れて立てて置く。同じように、トマトはヘタのほうを上にして保存するのが正解なのだろうか。

じつはトマトの場合、保存の仕方は畑の状態とは真逆で、ヘタを下にするほうがいい。ヘタの周りはお尻よりも固いので、果実の重みの負荷がかかっても傷みにくいのだ。これに対して、ヘタを上にして置くと、お尻の部分が傷みやすくなる。パック入りのトマトが、必ずお尻を上、ヘタを下にして売られているのはこのためだ。

袋入りのトマトを買った場合、必ず袋から取り出して、ヘタを下にして並べるようにしよう。ばら売りを購入し、すぐに食べないときも同様だ

正解!

自らの重みで傷みやすい。保存は逆さまの状態で

開封後の調味料などはシンク下に置いておく

食品の保存場所として多いのが「冷暗所」。なんだか漠然としているので、どこがいいのか迷いそうだが、低温で暗いということから、シンク下を思い浮かべる人も多いのではないか。しかし、シンク下は食品の保存に適した場所ではない。

医薬品の規格基準の日本薬局方によると、「常温」は15℃～25℃で、「冷所」は1℃～15℃。シンク下は日も当たらないし、だいたい、この「冷所」の範囲内では？と思うかもしれない。しかし、排水管が通っている場合、じつは湯を使うたびに温度がかなり上がってしまう。加えて湿度も高いので、意外に食品の劣化が進みやすいのだ。

光が当たらず、しかも「冷所」の温度を保つ最適の場所は冷蔵庫。いまシンク下に保存しているものがあれば、すぐに取り出して移動しよう。

正解!

湯を流すたびに温度が上がるので不適。ベストは冷蔵庫

使ったあとは洗って、何回か再利用する

肉や魚の味つけ、食品の保存に重宝するのがジッパー付きポリ袋。1回だけの使用で捨てるのはもったいないと、2回、3回と使い回したくなる。よく洗ったら大丈夫と思うかもしれないが、ひどい食中毒を招く恐れがあるのでNGだ。

ある実験では、鶏肉と調味料を入れてもんでから取り出したのち、水と洗剤を加えて洗ったにもかかわらず、2日後にはサルモネラ菌が検出された。一度使うと、当初の無菌状態には戻らないのだ。

肉や魚ではなく、野菜なら大丈夫かというと、こちらも危険。大腸菌や黄色ブドウ球菌、セレウス菌などの食中毒を起こす細菌が残る可能性がある。製造メーカーも使い捨てを推奨しているので、使うのは1回限りにしよう。

正解!

よく洗ったつもりでも、食中毒菌が袋に残る!

コップに入れるのが面倒なので、口をつけて飲む

口をつけて飲んだあと、置きっ放しにしたペットボトルのドリンク。翌日、この飲みかけを平気で口にする人は、いつ食中毒を起こしてもおかしくない。

口のなかには無数の細菌が常在している。ペットボトルに口をつけて飲むと、これらの常在菌が混入し、環境によってはすごい速さで増殖していく。最適の環境下なら、1個の細菌がひと晩で約10万個に増えることさえあるほどだ。

常在菌は本来、体に悪さはしない。しかし、大量に飲み込んだ場合は別で、食中毒を起こす可能性がある。飲み残しのペットボトルは冷蔵庫で保管し、早く飲み干すようにしよう。飲むときに口をつけないことも大切で、内閣府の食品安全委員会も「何度かに分けて飲む場合は、コップに注いで飲むように」と推奨している

口から細菌が混入して大増殖し、食中毒の恐れあり!

床に落としたものを、泡がこぼれるのを覚悟して開ける

炭酸が含まれるビールやコーラなどは取り扱いに要注意。誤って床に落としてしまうと、フタを開けた途端に、泡が勢いよくシュワシュワ〜と噴き出して、大変なことになってしまう。

噴き出さないようになるまでには、相当な時間、静かに放置しておかなければならない。そこまで待てないと、泡だらけになるのを覚悟のうえで、フタを開ける人もいるだろう。そんな人は、次からはここで紹介するひと手間をかけてみよう。

方法は簡単。缶やペットボトルを横に寝かせて、1分間ほどゆっくり回転させるのだ。こうすると、いったん抜けた炭酸ガスが液体のなかに溶けやすくなる。静かに放置するやり方と比べて、ずっと早く泡が出なくなるので試してほしい。

正解!

床に寝かせてゆっくり転がすと、炭酸ガスが再び溶ける

長持ちさせるため、冷蔵庫で保存する

加工食品や調味料は開封後、劣化を防ぐために冷蔵庫で保存することが多い。ドライタイプのペットフードも同じだろうと、封を切ったものは冷蔵庫や野菜室に入れている人はいないだろうか。

ドライフードは保存性を高くするため、水分を10％程度しか含んでいない。そうしたものを冷蔵庫に保存し、エサをやるたびに出し入れしているとどうなるか？　結露が生じて水分を含み、カビが生えやすくなってしまうのだ。

ドライフードは開封後、密閉できる容器に入れて、常温の室内に保存する。一方、水分を30％前後含むセミモイストフード、75％ほども含むウエットフードは開封後、冷蔵庫に入れて、できるだけ早く食べさせるようにしよう。

正解！

出し入れの際に結露してカビが生えやすいのでNG

対処の仕方が違ってた！

イザというときの残念な習慣

目がかゆいから、こする。
軍手をはめて瞬間接着剤を扱う。
防災グッズで懐中電灯を備える。
こんな誤りではなさそうな行動が
じつは大間違いだと気づこう。

かゆいときは、まぶたの上からこする

花粉症などで目がかゆいときや、目にゴミが入った場合、無意識のうちにまぶたの上から目をこすりたくなる。何となくすっきりするが、目を強くこすると、角膜が傷つきやすいのでNGだ。アイメイクを施している女性はさらに危険で、目に化粧品が入って炎症を起こす可能性もある。

さらに怖いのが、目のレンズである水晶体を支えている「チン小帯」という繊維に異常が生じることだ。目がこすられることにより、チン小帯に負荷がかかって緩むと、水晶体を支えられなくなってしまう。この結果、水晶体があるべき位置からズレて、眼圧が急に下がり、急性緑内障を発症する恐れがあるのだ。かゆくても目をこするのは禁物。冷たいタオルで冷やして、かゆみをやわらげるようにしよう。

角膜が傷つくのでNG。ひどい場合は急性緑内障にも!

指につかないように、軍手をはめて使う

瞬間接着剤を使うとき、指先にちょっとでもついたら大変だ。指と指の皮膚がくっつき合うと、はがれなくなってしまう。では、こうしたトラブルを防ぐため、軍手をはめて作業をするのはどうだろう。

じつは、瞬間接着剤と軍手の相性は極めて悪い。瞬間接着剤が布などの細かい繊維につくと、表面積が一気に拡大することにより、激しい化学反応が起こる。その結果、100℃近い高熱を発してやけどをする危険があるのだ。

手を保護して作業したい人は、軍手ではなく、使い捨てのポリエチレン製の手袋を使うのがいい。万一、衣類についた場合は、やけどを防ぐために冷水で十分冷やすようにしよう。

布につくと化学反応を起こし、高熱を発してやけどする!

すぐに水道水で触手を洗い流す

お盆が過ぎて、いよいよ夏も終盤に入ったころ、海水浴場で発生しやすいのがクラゲ。突然、ピリピリ！という鋭い痛みを感じたとき、どうすればいいだろうか。

ハチや毛虫などの毒を持った虫に刺された場合、刺さっている針を抜いてから、流水で毒を洗い流すと症状を抑えることができる。これにならって、クラゲの場合も、すぐに水道水で洗うのがいいと思うかもしれない。しかし、この応急処置を施したら、さらに悲惨な結果を招くことがあるので、決してやってはいけない。

クラゲは海の生物なので、真水にさらされると激しく反応する。肌にまだ触手がはりついている場合、真水と海水の浸透圧の違いによって刺胞が破壊され、毒が一層注入される恐れがあるのだ。

クラゲに刺されたら、まず触手を取り除くこと。ピンセットを使うのがベストだが、最悪、ハンカチを持った手で慎重にはがしてもかまわない。からみついて取りにくい場合、海水で洗い流して、とにかく取り切ることが大切だ。その後、痛みが激しければ、病院を受診しよう。

酢をかけるのが効果的ともいわれるが、安易に行うのは禁物だ。最も多く発生するアンドンクラゲや沖縄のハブクラゲには有効だが、ほかの種類のクラゲに刺された場合、毒がさらに注入される可能性がある。普通、刺されたクラゲの種類などわからないだろうから、酢の使用はやめておこう。

正解！

真水に触れると、さらに毒を注入！　海水で洗い流す

蚊に最後まで血を吸わせると、かゆくならないので叩かない

蚊が腕や足にとまったら、反射的に手で叩きたくなる。しかし、なかにはじっと我慢し、最後まで血を吸わせて、蚊が満足して飛び立つのを待つ人もいるようだ。

蚊に刺されてかゆくなるのは、血を吸う前に唾液が注入されるから。唾液には局部麻酔のような効果と、血を固まりにくくして吸いやすくする働きがある。この唾液は人体にとって異物なので、アレルギー反応によってかゆみを起こすわけだ。

最後まで血を吸わせるのは、注入された唾液が血とともに吸い取られるので、アレルギー反応を起こさない、という理屈。やってみる価値がありそうに思えるが、多くの場合、やっぱりかゆいという残念な結果に終わるだろう。唾液が全部吸い取られるとは限らないし、吸われている最中も唾液は注入される。効果はあまりなさそうだ。

唾液は体内に少しでも残ると、アレルギーでかゆくなる

蚊に刺されたら、爪で「バッテン」印をつける

蚊に刺されて赤く膨れてきたら、爪を十字に強く押し当てて「バッテン」印。これは昔からある対処法で、不思議なことに、かゆみがやわらいだような気になる。ただ、残念ながら、効果があるのは一瞬だ。

人はかゆみよりも、痛みの刺激のほうを強く感じる。このメカニズムから、爪を押し当てた痛みによって、かゆみがごまかされているだけなのだ。「バッテン」印でかゆみがやわらぐのはほんの数秒で、痛みが遠ざかれば、かゆみがぶり返してくる。

かゆみを止めるには、抗ヒスタミン成分が配合されている薬を塗るのが一番。薬がない場合は、水や氷で冷やすと、かゆみを少しやわらげることができる。一方、爪でかくのは最悪で、傷ついて細菌が感染し、化膿する恐れがあるのでやってはいけない。

痛みがかゆみを一瞬上回るが、すぐにまたかゆくなる

イザというときのために、懐中電灯を備えている

夜に大地震や集中豪雨に襲われた場合、停電した真っ暗ななかを避難せざるを得ない事態も考えられる。そこで、災害用の備蓄品として、なくてはならないもののひとつが懐中電灯。こう思ってはいないだろうか。

もちろん、災害時には灯りが必要だ。懐中電灯は誰でも使い慣れてはいるが、持っているほうの手が使えなくなるという欠点がある。このため、何が起こるかわからない災害時には、ベストなアイテムとはいえないのだ。スマホのライトを使おうとするのは、非常時で充電できない可能性を考えると、なおさら良くない。

災害時の灯りとしては、両手を自由に使えるヘッドライトが最も適している。早速、備蓄品に加えておこう。

正解!

片手がふさがるので災害時は不向き。ヘッドライトがベスト

軍手を災害備蓄品のなかに加えている

いつ発生するかわからない災害に備えて、すぐに取り出せる場所に防災アイテムを構えておくことは大切だ。そうした必需品のひとつとして、軍手を常備している人はとても多いだろう。

汚れたものをつかむときなどに、軍手は非常に役に立つ。しかし、想像力をふくらませてほしい。大きな災害時には家屋が倒壊して、ガラスが散乱し、ささくれて釘が飛び出した木材が折り重なっている。軍手ではそういった危険なものをガードできず、ケガをしてしまうのだ。

大きな災害時に適しているのは、ガラスや釘を触っても問題のない丈夫な皮の手袋。軍手を備えている人は、早めに入れ替えておこう。

ガラスや釘をガードできない! 災害時は皮の手袋を

朝は慌ただしいので、いつもパンとコーヒーだけで済ます

朝は慌ただしいからと、朝食をパンとコーヒーだけで済ませる人は多そうだ。ごはんとおかず、みそ汁などと比べると、ずっと手軽に用意できる。しかし、残念ながら、このシンプルな組み合わせは最悪な朝食といっていい。

一般的なパンに含まれる栄養はほとんどが糖質。朝の空腹時、糖質ばかりの食事を取ると、血糖値が急上昇し、それに伴ってホルモンのインスリンも分泌される。血糖値を下げようとするインスリンの働きによって、血液中の糖が脂肪細胞に取り込まれ、その結果、太りやすくなってしまう。

一方、コーヒーは「ストレスホルモン」ともいわれるコルチゾールと関係している。コルチゾールには多くの作用があり、そのひとつが血液中の糖分をいち早く脂肪に変えようとするもの。コーヒーに含まれるカフェインは、このコルチゾールの分泌量を高める働きがある。つまり、太りやすさに拍車をかけてしまうのだ。

こうした体のメカニズムから、パンとコーヒーだけの朝食はNG。甘い菓子パンと砂糖たっぷりのコーヒー、あるいは缶コーヒーという組み合わせなら、もっと体に悪影響を与える。

とはいえ、パンとコーヒーの朝食でも太りにくくするのは可能。一緒に野菜をたっぷり食べて食物繊維を補給すれば、血糖値の上昇は抑えられる。ゆで卵やハムなどを加え、コーヒーをカフェオレにすると、栄養バランスはさらに良くなる。

正解！

最悪の朝食！ 血糖値が急上昇して太りやすくなる

テーブルにこぼれた汚れを拭く

飲食店でサービスとして提供されるおしぼり。これで顔を拭くかどうかは、各自の美意識で決まることなので、ここでは問わない。テーマにあげるのは、食事や飲みものをこぼしたときにどうするかだ。

テーブルを汚したら、そのままでは店に悪いからと、おしぼりで拭いてきれいにする人が少なくないかもしれない。しかし、店におしぼりを納入しているレンタル業者にとっては迷惑なだけだ。

ソースや醤油などでおしぼりが汚れると、洗浄してももとの状態には戻りにくい。その結果、廃棄処分される可能性が高いのだ。何度も再利用することを図るため、落ちにくそうな汚れは拭かないようにしよう。

料理の汚れは落ちにくく、再利用できなくなる

知らなかったじゃ済まされない！

車と自転車の残念な習慣

意外に知られていないのが、
車や自転車の正しい乗り方。
いつもの乗り方が、
道路交通法違反だったら大変！
すぐに改めるようにしよう。

お湯を直接かけて解氷する

寒い時期、カーポートのない場所に駐車していると、フロントガラスに霜が降りて、ガチガチに凍結することがある。こうした場合、お湯を直接かければ、霜や氷をとかすことができる。確かにとても効果的な方法ではあるが、リスクが非常に高いので決してやってはいけない。

車のフロントガラスは、衝突や飛び石などで割れにくいように、複層の構造になっている。衝撃には強いのだが、素材の膨張率の違いなどから、急激な温度変化には弱い。お湯によって一気に温度が上昇すると、割れてしまう恐れがあるのだ。

熱湯はもちろん、ぬるま湯程度でもリスクはゼロではない。もともと、小さなひびが入っていた場合、大きな亀裂に広がる可能性があるからだ。それに、霜や氷がいったんとけても、ぬるま湯ならすぐに冷えて、あっという間に再び凍ってしまう。たいして効果は得られない一方、デメリットは多いといえる。

では、これもよくある対処法として、ヒーターによる曇り止め機能を使うのはどうか。お湯ほどリスクは高くないが、それなりの温度変化はあるので、ガラスにキズがある場合は避けたほうがいいだろう。加えて、ある程度長いアイドリングが必要で、環境に対する負荷があるのも考えものだ。

凍結したフロントガラスをとかすには、カー用品店やホームセンターで手に入る解氷スプレーを使うのが一番だ。噴射後1分ほどで、完全にとかすことができる。

急激な温度差でガラスがひび割れる恐れあり!

機能がない車でも、信号のたびにエンジン停止

CO_2削減のために、アイドリングストップ機能がついている車が増えてきた。これにならって、自分の車にそういった機能がないにもかかわらず、信号待ちのたびにエンジンをストップさせている人はいないだろうか。

車は始動するたびに、バッテリーやセルモーターに負担がかかる。このため、アイドリングストップ機能のある車は、通常よりも大型のバッテリーを搭載し、セルモーターも強化されているのだ。そうした機能のない車の場合、エンジンを頻繁に再始動することによって、関連装備が早く劣化してしまう可能性がある。

デメリットのある頻繁なアイドリングストップではなく、停車しての休憩や人待ち、踏切などのときにエンジンを止めて、CO_2削減や燃費向上を図るほうが賢明だ。

機能なしの場合、バッテリーなどが早く劣化しやすい

片側2車線の右車線を普通に走る

一般道で片側複数の車線がある場合、車をどう走らせているだろうか。どの車線を走るのかは特に決めていない、その日の気分で決める……といった人は自動車教習所で習ったことをすっかり忘れている。

こうした一般道の走り方は、高速道路と同じ。基本的には左側車線の走行を義務づけられており、一番右側の車線は追い越しや右折などのとき以外では走ってはいけない。この基本中の基本を「キープレフト」といい、自動車教習所で教わったはずだ。

とはいえ、路上駐車を避けるためなど、一般道ではやむを得ず右車線を走らなければならないことも多い。杓子定規に道路交通法が適用されるわけではないが、意識しておくに越したことはない。

高速道路と同様に、道路交通法に反する行為

一番左側のトラック専用車線は走ってはいけない

3車線ある高速道路の最も左側の車線に、トラックのマークが描かれた標識が掲げられていることがある。この車線はトラック専用だと思ってはいないだろうか。

一般道にはバス専用車線が設けられる場合があるが、高速道路にトラック専用車線はない。トラックマークの標識は、大型トラックやトレーラーなどはここを通行しなければならない、ということを意味している。専用というわけではないので、ほかの車が通ってもかまわない。

大型トラックには速度リミッターがついており、時速90㎞までしか出せない。あまり速度を出したくない人は、あえてこの車線を走るのもいいだろう。飛ばしたい車は走らない車線なので、後ろから煽られて怖い思いをすることもない。

トラック専用ではなく、ほかの車が走ってもかまわない

車線変更が面倒だから、右車線を走り続ける

片側2車線、あるいは3車線の高速道路では、左側が走行車線で、右端が追い越し車線。運転免許を持っている人なら、誰でも知っている常識だ。とはいえ、急いでいる場合など、左右の車線を行ったり来たりするのは面倒。そこで、まあいいだろうと、右車線を走り続けるとどうなるか。

もちろん、この運転の仕方は道路交通法違反だ。追い越しなどの正当な理由があることを前提に、追い越し車線を走ってかまわない目安は2㎞以内といわれる。混雑していない高速道路で、この目安を超えて右側車線を走り続けると、警察の取り締まりの対象になる可能性があるので注意しよう。ただ、通常の高速道路とは違い、出入り口が左右にある首都高では、安全確保のために多くの路線で適用外とされている。

道路交通法違反になる可能性あり

歩道を走る場合は、左側を通行する

自転車は基本的に車道を走るものとされている。ただし、歩行者と自転車のイラストが描かれ、「歩行者優先」と書かれた標識があるなら、その歩道は自転車で通行してもかまわない。

こうした歩道を自転車で走る場合、どこを通行すればいいのか。車道では左側通行が義務づけられているので、歩道でも同じだと思って、左側を走る人が多いようだ。だが、意外なことに、走るべきコースは右側でも左側でもない。

正解は、歩道の真んなかよりも車道寄り。道路の左右どちらの歩道も通行できるので、走る方向によって、右側通行になったり、左側通行になったりするわけだ。なお、前から来た自転車とすれ違うときは、相手が右側になるような方向によけよう。

右でも左でもなく、歩道の真んなかから車道寄りを走る

残念!!

自転車

前の歩行者に対してベルを鳴らす

自転車で走っているとき、前に歩行者がいて道がふさがっており、追い抜けないことがある。こうした場合、ベルを鳴らして相手に知らせ、よけてもらったことはないだろうか。何も問題はないと思うかもしれないが、これからはやってはいけない。

ベルがＮＧなのは、マナーの問題ではない。道路交通法に「警音器を鳴らさなければならないとされている場合を除き、警音器を鳴らしてはいけない」と定められているからだ。軽車両である自転車のベルは、車でいえばクラクション。車と同様に、危険を防止するため、やむを得ず鳴らすこと以外は禁止されているのだ。

法律違反という以前に、自転車のベルの音を不快に思う歩行者もいる。前をふさがれている場合、後ろから声をかけるか、いったん自転車を降りて押すようにしよう。

危険防止以外で鳴らすのは道路交通法違反！

車を運転するときにかけるので、車内に置いている

普段はサングラスをかけないけれど、車を運転するときは別。まぶしさを抑えるために、いつもかけている。こういった人の多くは、サングラスを車内に放置しているのではないか。しかし、その扱い方では、暑い日のたびに劣化させてしまう。

いまのメガネレンズのほとんどはプラスチック製で、傷防止などのために表面がコーティング加工されている。注意が必要なのは、プラスチックとコーティング素材は熱による膨張率が違うことだ。

車内の温度が上昇すると、プラスチックは膨張するが、コーティング素材はあまり変化しない。この結果、コーティング部分が引っ張られて、表面に細かいひび割れができやすいのだ。サングラスは車内に置きっ放しにせず、持ち運ぶようにしよう。

高温になると、レンズ表面のコーティングがひび割れる!

車でタバコを吸うので、ライターは車内に置いている

近年、喫煙者が肩身の狭い世の中になり、周りに気を使わずにタバコを吸えるのは車のなかだけ……という人もいるだろう。だが、車内でタバコを吸ったあとは十分注意しなければならない。ライターをダッシュボードの上などにポイッと置いておくと、大変な事態になりかねない。

よく晴れた日、車の窓を閉め切っていると、車内の温度はどんどん上がっていく。JAFの実験によると、真夏には車内は57℃、ダッシュボード上は79℃まで上昇した。こうした灼熱の状況下、高圧ガスが充填(じゅうてん)されている使い捨てライターを放置しておくと大変だ。ガスが抜けるだけではなく、最悪の場合は爆発して、車内が焦げたり溶けたりしてしまう。ライターを車内に放置するのは厳禁だ。

車内が高温になって、ライターが爆発する恐れが!

車やバイクと同じように、車道を左側通行する

足腰が弱くなった高齢者が使うと便利な電動カート。通称「シニアカー」で歩道のない道路を走るとき、左側を通行している人が大半のようだ。エンジン付きの乗り物なので、バイクと同じようなものだと理解しているのだろう。

確かに一見、原動機付き自転車のようだが、じつは道路交通法では電動車椅子のカテゴリーに入る。要するに歩行者扱いなので、道路の右側を、歩道がある場合は歩道を進まなければいけないのだ。カン違いしている人が非常に多いので、身内や近所など、身近に利用者がいる場合は早く教えてあげよう。

シニアカーの最高速度は6㎞。車道を走るにはこのスピードで問題ないが、歩道では少し速めなので、状況を見て速度調整することも大切だ。

じつは「電動車椅子」の一種。歩行者扱いなので右側通行を

だから疲れがとれなかったのか！

睡眠を邪魔する残念な習慣

ちゃんと眠っているつもりだけど、
なんだか体の調子が悪いし、
朝の目覚めも良くない…。
そんなお疲れの人は、
睡眠を邪魔する習慣があるはず！

「お肌のゴールデンタイム」は眠る

午後10時から午前2時は、成長ホルモンが最も多く分泌される時間帯。体をメンテナンスするための「お肌のゴールデンタイム」だから、意識してこの時間は寝るようにしなければいけない。こう信じて、実行している人はいないだろうか。

成長ホルモンは疲労回復や細胞の修復、新陳代謝の促進などに関して、とても大切な役割を担っている。成長期の子どもだけではなく、大人の美容や健康、アンチエイジングのためにも欠かせないホルモンだ。分泌される時間帯が決まっているのなら、ぜひ眠っておこう、と思いたくなるかもしれない。

しかし、「ゴールデンタイム」があるというのは誤解だ。成長ホルモンの分泌量は、時間帯と関係ないことがいまではわかっている。分泌が集中するのは、寝つく時間に関係なく、寝はじめてから3時間。ひと晩の眠りのなかでも、最も深い「ノンレム睡眠」(脳を休める眠り)に入っているときだ。

こうしたメカニズムから、何時に眠りにつくのか、というのは重要なことではない。成長ホルモンをたっぷり得るには、寝はじめてからの3時間、いかに深い眠りをキープするかがポイントとなる。

大事なのは、ベッドに入るまでの数時間。夕食が遅かったり、深酒をしたりすると、内臓が休まらないので、どうしても眠りが浅くなってしまう。生活習慣の乱れは、体のメンテナンスのためにも大敵だ。

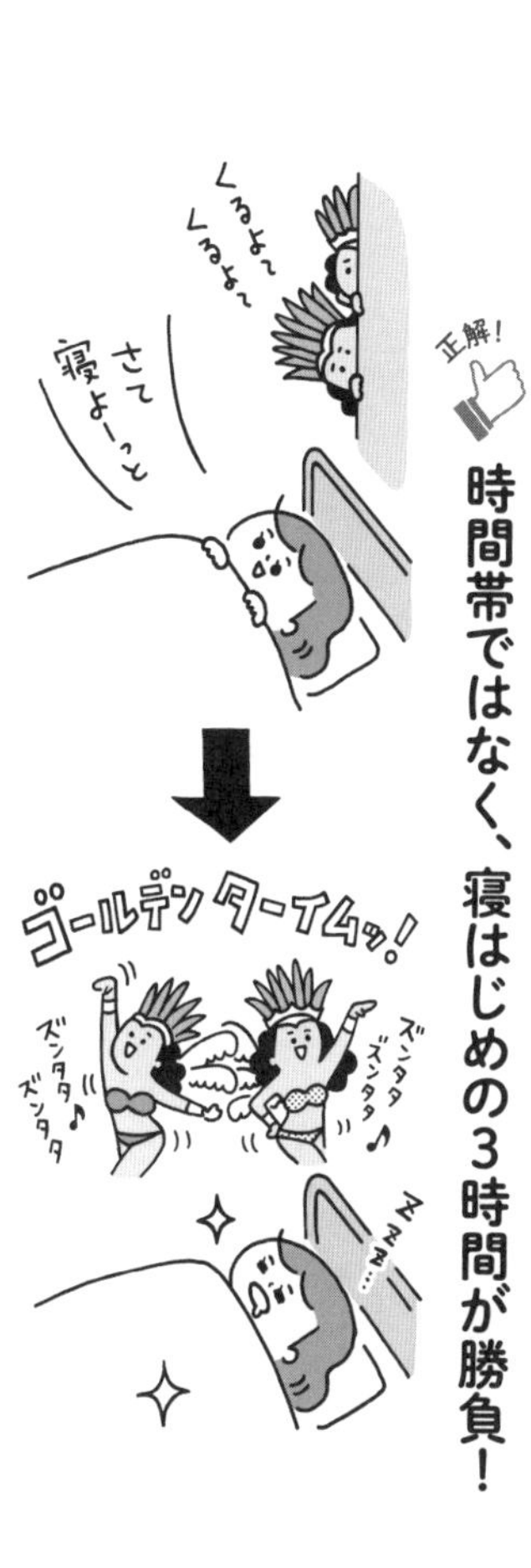

時間帯ではなく、寝はじめの3時間が勝負！

冬はこたつで、よく寝落ちする

エアコンが暖房の主流になったいまも、こたつのファンは多い。下半身がポカポカ温かくて気持ち良く、いつの間にか、す〜と寝落ちする。冬の夜は、こうしたことを繰り返す人が少なくないだろう。

だが、この習慣は体にとって負担が大きい。健康を損なうどころか、最悪の場合は命を失う危険もあることを知っておこう。

こたつに長時間入っていると、体温が上がって汗をかく。体は脱水状態に陥るので、血液がドロドロになって血栓ができやすくなる。こうした血栓がはがれて移動し、脳の血管で詰まれば脳梗塞、冠状動脈で詰まれば心筋梗塞を発症してしまうのだ。

冬の部屋は乾燥しているため、熱を受ける下半身が相当な量の汗をかいても、自分ではよくわからない。しかし、じつは半身浴をし続けているのに近い状態なのだ。何時間もこたつに入り続ければ、脱水症状を起こすのも無理はないだろう。

こたつに入っている間、同じ姿勢を保つことが多いのも、体に大きな負担がかかる。いわば飛行機の狭い座席で、長時間座り続けるのと同じ。このため、エコノミー症候群のようなことが起こり、血栓が一層できやすくなってしまう。

こうした危険があるなか、こたつに入ったままウトウトしてしまうと、取り返しのつかないことになりかねない。特に高齢者は脱水状態になっても気づきにくいので、危険性はさらに高まる。こたつで寝るという悪習慣は、絶対に止めるようにしよう。

とはいえ、こたつは避けるべきものではない。上手に使いさえすれば、幸せな気分で温まることができる。

こたつに入るときは、脱水状態を避けるため、1時間に1回、コップ1杯程度の水を飲むようにしよう。エコノミー症候群の予防として、ときどき立ち上がることも大切だ。こたつは気持ち良過ぎるので、眠らない自信がない……という人は、タイマーをかけておき、ある程度の時間がたてば電源がオフになるようにしておこう。

正解！

脱水状態になって血栓ができ、脳梗塞になる恐れあり！

電気あんかや電気毛布をつけっ放しで寝る

寒い季節、手放したくないのが電気あんかや電気毛布。布団のなかがいつでもポカポカで、冷え症の人でも足先が温かくなる。しかし、ひと晩中、つけっ放しにしておくと、メリットよりもデメリットのほうが大きいことを知っておこう。

布団のなかが必要以上に温かいと、眠りにつくために欠かせない体の深い部分の体温低下がスムーズにできないので、質の高い睡眠を手に入れにくい。さらに、睡眠中の体温調節が妨げられる、脱水状態に陥りやすい、といったデメリットもある。

昔よく使われていた湯たんぽの場合、湯の温度が次第に下がっていくので、こうした恐れはなかった。電気あんかや電気毛布もこれにならって、寝る直前に電源をオフにする、あるいはタイマー機能を使うようにしよう。

つけっ放しにすると、睡眠の質が低下。脱水状態になるかも!

ベッドに入ったら、あっという間に眠りにつく

いつもベッドに入ったら、数分たたないうちに眠りにつく。こんなに寝つきがいいから、わたしは健康だ……こう思っている人はいないだろうか。しかし、それは眠りではなく、体が耐え切れずに〝失神〟しているのかもしれない。

ベッドに入ってもすぐには眠れず、10分、15分ほどまどろんでから眠りにつくのはごく普通のこと。寝つきがいいのは良いことだが、寝つきが良過ぎるのは要注意なのだ。特に、普段よりも早くベッドに入って、あっという間に眠ってしまう場合、かなりの睡眠不足である可能性が高い。

昼間、電車のなかなど、どこでもすぐに眠れる人は一層注意が必要だ。日頃の生活習慣を見直し、長めの睡眠を取るように心がけよう。

一瞬で眠りにつくのは、睡眠不足の証拠

寝つけなくても、ベッドのなかで目を閉じている

そろそろ寝る時間になったので、ベッドに入った。でも、なかなか眠れない。そのまま目を閉じて、20分、30分……。こうして寝つくのを習慣にするのはやめておこう。だんだん、本当に寝つきが悪くなっていくかもしれない。

ベッドのなかで眠れない状態が習慣化されると、「ベッドに入る↓眠る」という流れを脳が認識しにくくなる。その反対に、「ベッドに入る↓なかなか眠れない」が当たり前のことになってしまうのだ。

早く眠ろう、眠らなきゃ……とベッドのなかで頑張るのは逆効果。20分程度たっても眠れそうにないときは、いったんベッドから出るのが得策だ。眠気を誘う暖色系の灯りのもとでしばらく過ごし、再びベッドに入るようにしよう。

正解!

「ベッドに入ってもすぐには眠れない」と脳が認識するのでNG

ベッドに寝転んでテレビを見る

テレビはリビングに配置するのが通常だが、間取りなどの関係上、寝室に置く場合もあるだろう。あるいは、寝る前に映画などをゆっくり見たいと、寝室に2台目があるケースもありそうだ。

ベッドに寝転んで、リラックスしながらテレビを見る。これは悪い習慣ではなさそうに思えるかもしれないが、質の高い眠りを得られない可能性が高い。ベッドは眠る場所ではなく、テレビを見る場所だと、脳が勝手に認識してしまうからだ。

基本的に、眠るとき以外はベッドに横にならないほうがいい。普段から、なかなか眠れないという人は、寝る前の習慣を改めて思い起こしてみよう。ベッドに寝転んでのテレビやスマホ、読書など、寝つきを妨げる原因が何かあるのかもしれない。

寝つきが悪くなるので、眠るとき以外はベッドに入らない!

冷え性なので、靴下を履いて寝る

大手通販会社セシールの調査によると、「寝るときに靴下を履くか?」という問いに、30%近くの人が履いて寝ると答えたという。足先が温かくなってよく眠れる、というのが主な理由。冷え症対策として、効果を実感しているようだ。

けれども、その人たちの眠りが、本当に快眠であるのかは疑問が残る。体のメカニズムから考えればまったく逆で、靴下を履いて寝ると、眠りの質はかえって悪くなってしまうからだ。

夜になって就寝時間に近づくと、心臓がゆっくり動くようになり、血液の流れが穏やかになって、体温は少しずつ低下していく。体の活動を緩やかに抑えていき、眠りに向かって準備するわけだ。

太い血管が走っている体の中心よりも、血管の細い末端部分のほうが体温は下がりやすい。当然、心臓から最も遠い足先は、冷えを感じやすくなる。靴下を履いて温めたくなるのも、もっともかもしれない。

しかし、靴下を履いていると、足先の体温が下がりにくい。このため、眠りを得るために必要な体温調節が妨げられて、すんなり寝つけないことも十分考えられる。

加えて、眠っている間も、靴下は睡眠の質を下げる働きをする。睡眠中、足の裏から盛んに発汗するのだが、靴下を履いていると、この汗が発散されにくい。汗で靴下が湿ったままの状態が続き、素足でいるよりも足先が冷えやすくなるのだ。

さらに、足にフィットするきつめの靴下を履いて寝る場合、また別の問題がある。足先を走る細い血管が締めつけられることにより、血流が悪くなって、一層、冷たさを感じてしまう。

こうした理由から、靴下を履いて寝るのはＮＧ。どうしても足先が冷えて眠れない人は、ベッドに入る前に、足湯などで一度温めておくといい。こうすれば、体温調節を妨げず、睡眠中に汗がたまることもない。


正解！

体温が下がらず、汗がたまるので逆効果！

主な参考文献

◎『インフルエンザの基礎知識』（厚生労働省）

◎『ライターは安全に正しく使いましょう』（消費者庁）

◎『「しらたき（糸こんにゃく）がすき焼きの肉を硬くする」は誤解だった』（一般財団法人日本こんにゃく協会）

◎『医師・専門家が教える 家庭でできる元気のコツ大全』（読売新聞医療部／PHPエディターズ・グループ）

◎『NHKためしてガッテン 食育！ビックリ大図典』（北折 一／東山出版）

◎『科学でわかる料理のツボ』（左巻健男・稲山ますみ／学習研究社）

◎『暮らしの基本がわかる大事典』（学研パブリッシング）

◎『やってはいけない頭髪ケア』（板羽 忠徳／青春出版社）

◎『やってはいけない「食べ合わせ」』（白鳥 早奈英／青春出版社）

◎『体を悪くするやってはいけない食べ方』（望月 理恵子／青春出版社）

◎『ラクラク楽しい家事の基本大事典』（成美堂出版）

◎『年中使える節電以前の省エネの常識』（山川 文子／講談社）

◎『健康管理する人が必ず知っておきたい栄養学の○と×』（古畑 公／誠文堂新光社）

◎『いまさら聞けない健康の常識・非常識』（池谷 敏郎／主婦の友社）

◎『スッキリした朝に変わる睡眠の本』（梶本 修身／PHPエディターズ・グループ）

◎『効く健康法効かない健康法』（岡田 正彦／ディスカヴァー・トゥエンティワン）

◎『PHPくらしラクーる増刊 カラダに悪い101のこと』（PHP研究所）

主な参考ホームページ

◎文部科学省…食品成分データベース

◎厚生労働省…ノロウイルスに関するQ&A／咳エチケット

◎農林水産省…栄養面から見た日本的特質／食品中のヒ素に関する情報

◎内閣府食品安全委員会…生活の中の食品安全

◎東京都福祉保健局…食品衛生の窓

◎全日本民医連…けんこう教室 胸やけを感じたら／くすりの話

◎日本呼吸器学会…呼吸器の病気／呼吸器Q&A

◎日本小児歯科学会…食後の歯みがきについて

◎愛知県薬剤師会…薬に関するQ&A

◎製薬協…くすりの上手な使い方

◎日本卵業協会…タマゴQ&A

◎東邦大学医療センター…大橋病院栄養部 アルコール

◎京都産業保健総合支援センター…顔を触らない！

◎埼玉西部消防組合…洗濯物からの発煙・発火に注意してください

◎国民生活センター…高カカオをうたったチョコレート

◎日本ライフセービング協会…知ってほしいWater Safety

◎JAF…交通安全とエコ

◎ふくしま森の科学体験センター…ムシテックワールド

◎自転車文化センター…自転車について調べる

◎NPO法人こども医療ネットワーク…熱と汗

◎あだち耳鼻咽喉科…「魚の骨」が喉に刺さった時の対処

◎NHK…スゴ技の泉「知らないと損する買い物袋の詰め方」／ガッテン・そう来たか！ 達人直伝 本当にうまい刺身が家庭で！

◎NHK健康ch…Q&A胃食道逆流症／「ぎっくり腰」早く治すための正しい対処法

◎NHKあさイチ…これまでの放送

◎ヨミドクター…ぎっくり腰は「動かして治す」／Dr.三島の「眠ってトクする最新科学」

◎NIKKEI STYLE…健康は姿勢で変わる／1日30品目は過去の話／誤解だらけの「休肝日」／「疲れたら休養」はNG／強くこすると目が「脱臼」／インフルの季節が来た！ウイルス知識をクイズで点検／「いきなり運動」でケガ　防ぐための5つのルール／チョコレートのウソ・ホント

◎日経グッディ…酒が「エンプティカロリー」といわれるのはなぜ

◎日経メディカル…プール後の洗眼は目に悪影響

◎産経ニュース…健康カフェ

◎琉球新報…インフルエンザは「ひじドン」で対策!?

◎AERA dot．…「炬燵でウトウト」が一番危険！

◎デイリースポーツ…インフルエンザ 今年は2回かかる人が増えそう

◎女性自身…50度洗いで話題の適正温度

◎レタスクラブ…テーブルは台布巾でしっかり拭いているからキレイ、はNG？OK？

◎ananweb…肌を〝休ませる〟が逆効果になることも？

◎NEWSポストセブン…残念な雑学／「老眼鏡を使うと老眼が悪化」は間違い／子どもの喉に魚の骨が刺さった／毎日ケアもNG「耳掃除の落とし穴」3つ／体の拭き方…あぁ残念！／ゼロカロリー系食品に思わぬ「副作用」か

◎週刊現代…間違いだらけの「家庭の医学」

◎講談社くらしの本…老化が加速！コーヒーとパンの朝食は最悪の組み合わせだった

◎レタスクラブニュース…掃除中に換気するのはNG!?

◎ESSE…台所用スポンジは、じつは煮沸も漂白剤もNG！／軍手や懐中電灯がじつはNG!?／ひと晩で雑菌が7万倍にも！

◎DIAMOND online…「1日30品目神話」は過去の話に

◎BUSINESS INSIDER…要注意！インフルには3度かかる可能性も

◎Tarzan…休肝日に医学的根拠はなかった

◎Smart FLASH…「かぜ薬と胃腸薬」「かぜ薬と栄養ドリンク」飲み合わせに注意

◎高校生新聞ONLINE…アルコール消毒って効果あるの？

◎のりものニュース…道路

◎ギネスワールドレコードジャパン…きゅうりとギネス世界記録

◎WEB CARTOP…2車線や3車線でも首都高には「追越車線がない」／忘れがちな道交法／信号待ちなどで手動アイドリングストップをするのは問題ないのか？

◎日立…冷蔵庫の上に物を置いても良いですか？

◎花王…ヘアケアサイト

◎中外製薬…インフルエンザの基礎知識

◎KIRIN…品質のアレコレ／キリンからのお願い

◎カゴメ…野菜の栄養・効果

◎グリコ…栄養成分ナビ／糖質制限ダイエットってなに？

◎ロッテ…お客様相談室

◎森永乳業…よくいただくご質問

◎セメダイン…公式ツイッター

◎ムーンスター…子供の足のための知識

◎エリエール…ウェットティシュー

◎参天製薬…プール後のひとみケア

◎旭化成…よくある質問 ジップロック
◎日清ペットフード…ドッグフードの保管
◎博多ドッグス…水とドッグフード
◎R．STYLE…あなたも間違っていない？「メラミンスポンジ」の正しい使い方！
◎TIME&SPACE…そのスマホお掃除、NGかも！
◎長谷工の住まい…冷蔵庫上の特徴と注意点とは？
◎メガネハット…既成の老眼鏡と、メガネ店の老眼鏡は何が違う？
◎メガネ本舗…サングラスを車内に放置していませんか？
◎キクチ…よくあるご質問
◎箸のはしばし…お箸の洗い方
◎ONLY…慣れれば簡単！上手なシャツのたたみ方とは？
◎静岡紅茶…紅茶の豆知識
◎ガラスの生活救急車…手間をかけずに綺麗にする！窓ガラスとサッシの簡単掃除法
◎バイオトール…アルコールによる消毒で手荒れが起きる原因
◎全国宅配ふとん丸洗い専門店リフレサービス…知っておきたい お布団の扱い方
◎布団丸洗いのフレスコ…天日干し&掃除機でも布団のダニは死なない
◎All About…リクライニングシートは倒さないほうがいい／疲労回復に効果的なアクティブレストとは／餅による窒息事故の原因・予防・応急処置
◎マイナビニュース…おしぼりで顔をふくのはマナー違反？
◎マイナビウーマン…飲酒と薬の服用はNGだけど「忘年会や新年会どう乗り切る？」
◎JCASTニュース…一度使ったジッパー付ポリ袋は危険
◎Peachy…目のかゆみ「むやみに目薬はNG」
◎スキンケア大学…白髪・若白髪の原因と対策
◎いしゃまち…早食いは身体にどんなデメリットがある？
◎kufura…耳鼻科医に聞いた「耳そうじ」の注意点あれこれ
◎Beauty Park…美容師が嫌がるシャンプー中のお客様の行動
◎eltha…メイク・コスメ・スキンケア
◎フミナーズ…正しい睡眠習慣と間違ったNG習慣とは？
◎暮らしニスタ…専門家が教える「加湿器」の選び方
◎ウートピ…靴下を履いて寝るのはNG！
◎Amebaニュース…湯船の中でオナラをするとどうなるか／「休日は肌もお休み！だからすっぴんで過ごします」はNGと医師
◎MAG2NEWS…冷え性だから「靴下を履いて寝よう」
◎大人んサー…ライフ
◎美的．com…お悩み別ケア・日焼け
◎東京すくすく…体育座りは体に良くない？
◎livedoor NEWS…こたつでの居眠りで脳出血／一度口につけたペットボトル 一晩で1個の菌が10万個に繁殖？
◎Hut PRESS…既成の老眼鏡とメガネ店の老眼鏡は何が違う？
◎ANKER…知っているようで知らない、バッテリーの話
◎STUDYHACKER…「ツァイガルニク効果」で、勉強効率アップを狙え！

本文デザイン／青木佐和子
本文イラスト／まつむらあきひろ
編集協力／編集工房リテラ（田中浩之）

青春新書
PLAYBOOKS

人生を自由自在に活動（プレイ）する

人生の活動源として

いま要求される新しい気運は、最も現実的な生々しい時代に吐息する大衆の活力と活動源である。

文明はすべてを合理化し、自主的精神はますます衰退に瀕し、自由は奪われようとしている今日、プレイブックスに課せられた役割と必要は広く新鮮な願いとなろう。

いわゆる知識人にもとめる書物は数多く窺うまでもない。

本刊行は、在来の観念類型を打破し、謂わば現代生活の機能に即する潤滑油として、逞しい生命を吹込もうとするものである。

われわれの現状は、埃りと騒音に紛れ、雑踏に苛まれ、あくせく追われる仕事に、日々の不安は健全な精神生活を妨げる圧迫感となり、まさに現実はストレス症状を呈している。

プレイブックスは、それらすべてのうっ積を吹きとばし、自由闊達な活動力を培養し、勇気と自信を生みだす最も楽しいシリーズたらんことを、われわれは鋭意貫かんとするものである。

―創始者のことば― 小澤和一

編者紹介

ホームライフ取材班

「暮らしをもっと楽しく！ もっと便利に！」をモットーに、日々取材を重ねているエキスパート集団。取材の対象は、料理、そうじ、片づけ、防犯など多岐にわたる。その取材力、情報網の広さには定評があり、インターネットではわからない、独自に集めたテクニックや話題を発信し続けている。

日本人の9割がやっている もっと残念な習慣

2019年5月1日　第1刷
2019年6月25日　第3刷

編　者　ホームライフ取材班

発行者　小澤源太郎

責任編集　株式会社プライム涌光

電話　編集部　03(3203)2850

発行所　東京都新宿区若松町12番1号 〒162-0056　株式会社青春出版社

電話　営業部　03(3207)1916　振替番号　00190-7-98602

印刷・図書印刷　製本・フォーネット社

ISBN978-4-413-21134-5